Changer de nom

hier et aujourd'hui

Myriam Provence

Archives & Culture

Sommaire

L'auteur

Généalogiste, longtemps présidente de la Chambre syndicale des généalogistes et héraldistes de France, aujourd'hui le Sygene, **Myriam Provence** accompagne depuis des décennies des dossiers de changement de nom. Elle connaît les écueils à éviter et les documents à rassembler pour que le dossier soit complet et plus facilement accepté par l'administration. Elle a déjà publié de nombreux guides de généalogie, aux Éditions Autrement ou chez Archives & Culture.

ISBN : 978-2-35077-388-9 — ISSN : 2116-2050

Depuis la fin du XXe siècle, l'augmentation des demandes de changements de nom est considérable.

La Section du Sceau de la direction des Affaires civiles et du Sceau est saisie d'environ 1 400 demandes de changement de nom par an selon Marc Guillaume, directeur des Affaires civiles et du Sceau de 1997 à 2007. Pour trois quarts d'entre elles qui aboutissent, un petit quart est rejeté. On relève par exemple, toujours selon Marc Guillaume, 263 rejets en 2004, 320 rejets en 2005, rejets qui conduisent parfois à des contentieux [Marc Guillaume, *Le Sceau de France, titre nobiliaire et changement de nom*. Académie des sciences morales et politiques, 3 juillet 2006]. Les demandes n'ont cessé de croître, on frôle les 2 500 demandes de changement de nom par an en 2015, selon Gabriel Zignani dans la *Gazette des communes*.

Sur le plan de leur origine, les suppliques sont de plusieurs ordres. Pour 35 % des demandes il s'agit de franciser un nom. 20 % des demandes sont dues à la difficulté de porter un nom. Pour un pourcentage équivalent (20 %), les demandes naissent de problèmes liés à la famille. 10 % des affaires viennent du souhait de relever le nom éteint d'un ascendant. Enfin, pour le reliquat, les raisons sont variées.

Depuis 1999, le choix d'un changement de nom en faveur de celui de la mère devient un trait dominant : il concerne quatre requêtes sur dix, selon une estimation de l'Institut national d'études démographiques (INED).

Pourtant, avant toute chose, pour changer de nom, il faut, au terme de l'article 61 du Code civil, prouver que l'on y a un intérêt légitime. Mouvements d'opinion, événements historiques et mauvaise réputation ont pu générer des arguments permettant des changements de nom. Qu'en sera-t-il dans les années à venir avec le changement sociétal et les différentes formes de parentalité ?

Si vous souhaitez changer de nom, comment faire ? Où déposer votre demande ? Si vous êtes généalogiste ou historien des familles, comment pouvez-vous retrouver les éventuels changements de nom de vos ancêtres ? Le guide répond de façon très pratique à ces questions très concrètes.

Législation et compétence

Un peu d'histoire

En 1803, le changement de nom de famille devient possible, encadré par la loi. De 1803 à 1962, on a enregistré moins de 20 000 changements de nom, contre plus de 55 000 dans les cinquante années suivantes. Depuis la modification de la loi en 1993, la procédure n'a cessé de s'ajuster au changement sociétal.

Le nom de famille se substitue au surnom

Des surnoms se sont progressivement ajoutés aux noms de baptême à partir du Xe siècle et sont devenus héréditaires à partir du XIIe ou du XIIIe siècles selon les régions, ou du XVIe siècle en Corse. Mais l'appellation de « surnom » pour désigner le « nom de famille » s'est maintenue jusqu'au courant du XVIIIe siècle.

> *Les actes royaux qui intéressent les noms des familles et des individus sont soit des actes de justice, soit des actes de gouvernance, soit des actes gracieux.*

Anne Lefebvre-Teillard dresse l'installation progressive de cet usage dans un article intitulé « Le nom propre et la loi » paru en 2000, dans *Mots* (n° 63, pages 9-18) et signale dans *Le nom, droit et histoire* (Paris, PUF, 1990, page 56), que « la tendance à l'hérédité favorise la transformation progressive du surnom en nom de famille » jusqu'à symboliser la famille tout entière.

Le père ne pouvait désormais refuser à ses enfants légitimes ou naturels de porter son nom. Cette règle a perduré du XVIe siècle à la fin du XVIIIe siècle. À la fin de l'Ancien Régime, si la filiation n'était pas prouvée, l'enfant prenait le nom de sa mère.

Les changements de nom

Sous l'Ancien Régime, on changeait parfois de nom en changeant de statut social : les personnes qui faisaient l'acquisition d'un fief ou d'une seigneurie avaient la liberté d'ajouter le nom de leur terre à leur nom, ou de le substituer dans l'usage courant à leur nom de naissance.

Si ce changement de nom intervenait dans le but de frauder, la personne encourait une sanction, non pas à cause du changement lui-même, mais parce qu'il avait servi de moyen de berner les autres, voire de se faire oublier.

Plus on avance dans le XVIIIe siècle, plus il est difficile de modifier son nom et d'obtenir l'aval de l'administration royale. Certains descendants dont l'aïeul avait changé son nom sans formalité ont eu recours à des « lettres de commutation », afin d'éviter toute contestation future. Il pouvait s'agir de « lettres de rémission » par lesquelles le roi rétablit le potentiel accusé dans sa « bonne renommée », ou de « lettres de pardon » par lesquelles le roi efface un délit.

La difficulté de changer de nom fut actée par l'abolition des titres en séance du 19 juin 1790. Lors de cette séance, l'Assemblée constituante s'est attaquée aux noms de terre ou de seigneurie en faisant la proclamation « qu'aucun citoyen ne pourra prendre que le vrai nom de sa famille » dans le but de supprimer toute distinction entre les nobles et le reste de la population. Avec la loi du 6 fructidor an II, le nom passa définitivement sous l'emprise de la justice.

Les registres paroissiaux

Les premiers enregistrements des curés datent du XIVe siècle. À partir de l'ordonnance de Villers-Cotterêts d'août 1539, ils sont invités à tenir un registre annuel des baptêmes faits dans leur paroisse, ce qui contribue à figer les noms de famille (mais pas leur orthographe), les prénoms et les dates de naissance des baptisés. Cette mesure est élargie aux mariages et aux sépultures par l'ordonnance de Blois en mai 1579.

Ces registres étaient initialement tenus en un seul exemplaire, ce qui fait que les collections des premières années comportent de nombreuses lacunes, jusqu'à ce que l'ordonnance de Louis XIV d'avril 1667 impose un double exemplaire : un conservé à la cure, signé par les parties dans la mesure où elles savaient écrire, et une copie destinée au greffe de la justice royale, authentifiée par la signature du curé.

Une déclaration du 9 avril 1736 institue l'établissement simultané des deux registres, chaque registre contenant la signature des parties, des témoins et du curé.

État civil et mentions marginales

Un état civil « laïc » dès 1787

L'équivalent d'un état civil « laïc » fut créé par l'édit de novembre 1787 puisqu'il permet à « ceux qui ne font pas profession de la religion catholique », c'est-à-dire, à cette époque, les juifs et les protestants, de déclarer les naissances, mariages et décès au juge de leur domicile qui les inscrivait dans un registre annuel, tenu lui aussi en double exemplaire.

Avec la Révolution et la mise en place de l'Église constitutionnelle, les curés ont continué à tenir des registres paroissiaux jusqu'à la mise en place de registres laïcs tenus par les juges de paix, fonction qui passa ensuite dans les mains des municipalités (loi du 20-25 septembre 1792). Les registres anciens détenus dans les cures et les autres institutions sont versés aux communes, tandis que les registres conservés dans les greffes sont déposés aux centres d'archives des départements.

L'acte de naissance, un « casier civil »

L'état civil mis en place à la Révolution est un mode d'établissement de la réalité des faits et des actes juridiques concernant une personne.

La réalité des faits, naissances, mariages et décès, assigne à chaque individu une place particulière dans la société - son prénom et son nom de famille le distinguent des autres. Ce principe de l'état civil s'applique à toute la population française, hommes, femmes, et, puisque les religions sont dissociées de l'État, cet état civil est laïc. L'acte de naissance devient, ce qui se confirme tout au long du XIXe siècle, un véritable « casier civil », comme le qualifie Gildas Bernard dans son *Guide des recherches sur l'histoire des familles* (réédition, janvier 2018).

L'officier de l'état civil en charge de la constatation des événements de la vie civile est placé sous l'autorité judiciaire du procureur de la République, alors que pour toutes les autres fonctions administratives, il dépend du préfet du département.

Pour les Français séjournant à l'étranger, l'officier de l'état civil est un agent diplomatique ou consulaire.

Mentions marginales et rectifications

Le Code civil impose, dès 1804, des mentions marginales pour les rectifications d'état civil. Ces mentions sont devenues obligatoires par la loi du 17 août 1897 quant aux actes modifiant l'état civil d'une personne, dont les actes de changement ou de rectification de nom. Une loi de 2016, modifiée le 17 juin 2021 aborde particulièrement les mentions : l'article 61-4 du Code civil, dans sa version de 2021, est rédigé comme suit :

– la mention des décisions de changement de prénoms et de nom est portée en marge des actes de l'état civil de l'intéressé et, le cas échéant, de ceux de son conjoint, de son partenaire lié par un pacte civil de solidarité et de ses enfants

– de même, les décisions de changement de prénoms et de nom acquises à l'étranger sont portées en marge des actes de l'état civil sur instructions du procureur de la République.

Les changements de nom interétatiques

La loi du 18 novembre 2016 évoquée au paragraphe précédent, dite loi de modernisation de la justice du XXIe siècle, a modifié la procédure de changement de nom pour les binationaux afin que toute personne qui justifie d'un nom inscrit sur le registre de l'état civil d'un autre État puisse demander à l'officier de l'état civil dépositaire de son acte de naissance établi en France son changement de nom afin de porter le nom acquis dans cet autre État [article 61 3-1].

C'est par exemple le cas quand un Monsieur X en France s'appelle Y en Allemagne. Il lui faut saisir l'officier de l'état civil en France dès lors qu'il a bénéficié d'un changement de nom dans son état civil à l'étranger.

Rappelons que la réglementation européenne s'oppose à ce que les autorités d'un État membre refusent de reconnaître à un ressortissant de l'UE le nom de famille qui apparaît sur les cartes de son État d'origine, même si celles-ci le feraient en application du droit national.

La législation

La première mesure prise en France pour interdire les changements de nom de famille est semble-t-il édictée dans l'article 9 de l'ordonnance de Henri II, donnée à Amboise le 26 mars 1556. Les législations suivantes confirment la fixité du nom même si la loi de germinal an XI ouvre une possibilité de changement.

L'article 9 de l'ordonnance d'Henri II

L'article 9 de l'ordonnance donnée à Amboise en 1566 est ainsi rédigé : « Pour éviter à la supposition des noms et armes, deffenses sont faictes à toutes personnes de ne changer leurs noms et armes sans avoir noz lettres de dispense et perssmission, sur peine d'estre pugnis comme faulsaires et d'estre exauthorez de tout degré et privilège de noblesse ». Cette ordonnance avait été rédigée au regard de la « multiplication des procès », « devant grandes usurpations entreprises par plusieurs particuliers », qui avaient « usurpé le titre et qualité d'escuyers ». Mais elle n'a jamais été enregistrée par le Parlement de Paris et n'a guère été utilisée qu'en Normandie, où la Cour des aides l'a enregistrée le 23 avril 1556. Les ouvrages de jurisprudence du XIXe siècle y font cependant souvent référence.

Sous la Terreur, les nouveau-nés ont reçu de curieux prénoms extraits du calendrier de Fabre d'Églantine.

Le nom sous l'emprise de la justice

Si le début de la période révolutionnaire affiche une volonté de liberté de dénomination pour tous, l'État se ravisa bien vite et des limites furent de nouveau édictées.

Le décret du 24 brumaire an II (14 novembre 1793) traite de la faculté qu'ont tous les citoyens de se nommer comme il leur plaît, sur simple déclaration à la municipalité, en se conformant bien sûr aux formalités prescrites par la loi. Mais la Convention se ravise et impose définitivement l'immuabilité du nom de famille avec la loi du 6 fructidor an II (23 août 1794), rappelée par l'arrêté du Directoire exécutif du 19 nivôse an VI (8 janvier 1798), puis par la loi du 11 germinal an XI (1er avril 1803).

La loi du 11 germinal an XI

Annoncée dans *La Gazette nationale* du 23 mars 1803, la loi du 11 germinal an XI instaure pour les prénoms, par son article 1er que, à compter de sa publication, « les noms en usage dans les différents calendriers et ceux des personnages connus de l'histoire ancienne pourront seuls être reçus comme prénoms sur les registres de l'état civil destinés à constater la naissance des enfants ; et il est interdit aux officiers publics d'en admettre aucun autre dans leurs actes ». Cette restriction sans précédent va faire disparaître quantité de prénoms locaux.

Du côté des noms de famille, le titre II énonce dans son article 4 que « toute personne qui aura quelque raison de changer de nom en adressera la demande motivée au gouvernement ». L'article 6 précise que, si la demande est admise, le changement effectif de nom ne sera autorisé « qu'après la révolution d'une année ».

Extrait de la loi du 6 fructidor an II

Loi portant qu'aucun citoyen ne pourra porter de nom ni de prénom autres que ceux exprimés dans son acte de naissance.

Du 6 fructidor, l'an deuxième de la République française, une et indivisible, la Convention nationale, après avoir entendu le rapport de son comité de législation, décrète :

Art. 1er. Aucun citoyen ne pourra porter de nom ni de prénom autres que ceux exprimés dans son acte de naissance : ceux qui les auraient quittés seront tenus de les reprendre.

Art.II. Il est également défendu d'ajouter aucun surnom à son nom propre, à moins qu'il n'ait servi jusqu'ici à distinguer les membres d'une même famille, sans rappeler des ramifications féodales ou nobiliaires.

Art.IV. Il est expressément défendu à tous fonctionnaires publics de désigner les citoyens dans les actes autrement que par le nom de famille, les prénoms portés en l'acte de naissance, ou les surnoms maintenus par l'article II, ni d'en exprimer d'autres dans les expéditions et extraits qu'ils délivreront à l'avenir.

Les changements législatifs des XXe et XXIe siècles

La prise en compte des noms qui s'éteignent

Après la Première Guerre mondiale et la mort de nombreux soldats, un élan national et patriotique contribue à l'émergence des monuments aux morts. Le nombre de tués est si colossal que l'État souhaite alors donner aux survivants la possibilité de relever les noms de famille en voie d'extinction (voir le chapitre « Changements de noms et événements » en pages 36-37).

La francisation des noms à la naturalisation

Après la Seconde Guerre mondiale, l'État a eu la volonté de permettre aux naturalisés de franciser leurs noms et prénoms, d'abord par une ordonnance sur la police des étrangers du 2 novembre 1945 (article 34), puis par la loi du 3 avril 1950 dont l'article 3 énonce : « La francisation du nom s'entend de la traduction en langue française du nom patronymique ou de la simple modification nécessaire pour enlever l'apparence ou la consonance étrangère ».

La loi de 1993 sur les changements de nom

La loi du 8 janvier 1993 abroge ensuite la loi du 11 germinal an XI, l'une des plus anciennes lois encore en vigueur. Les articles 1 à 12 de la loi du 8 janvier 1993 modifient le Code civil quant à l'état civil, à la famille et aux droits de l'enfant et instituent le juge aux affaires familiales. Elle substitue, pour les changements de nom, les mots « quelque raison » par la notion d'« intérêt légitime », tout aussi floue, qui laisse le champ libre à l'interprétation. L'article 4 de cette nouvelle loi crée au chapitre II du titre II du livre 1er du Code civil une section 2 intitulée : « Des changements de prénoms et de nom », qui comprend les articles 60 à 61-4. Ces articles disent qu'il faut, tant pour changer de prénom que de nom, justifier « d'un intérêt légitime ».

Enfin, cette même loi libéralise le choix des prénoms en autorisant les parents à donner n'importe quel prénom à leur enfant dans la mesure où il ne porte préjudice ni à celui-ci ni à un tiers.

Le nom d'usage reste non transmissible

La loi du 23 décembre 1985 a eu pour objet de réaliser une totale égalité des époux. Elle prévoit que « toute personne majeure peut ajouter à son nom, à titre d'usage, le nom de celui de ses parents qui ne lui a pas transmis le sien » et que, à l'égard des « enfants mineurs, cette faculté est mise en œuvre par les titulaires de l'exercice de l'autorité parentale ».

Mais ce nom d'usage ne peut pas se transformer en nom de famille ; la loi du 23 décembre 1985 précise bien qu'il est personnel et non transmissible, et qu'il ne peut figurer dans les actes d'état civil (il peut être indiqué dans les documents administratifs, sous réserve qu'il figure de manière distincte du nom de famille).

Nouvelle parentalité et nom de famille

La société française est en pleine mutation, les modèles de parentalité se multiplient, l'attribution du nom de famille est au cœur des débats (voir aussi pages 40-41).

Ainsi, la loi du 1er mars 2002, modifiée par la loi du 18 juin 2003, mise en application en 2005, permet aux parents de donner à leurs enfants soit le nom du père comme autrefois, soit le nom de la mère, soit les deux, dans n'importe quel ordre. Cette liberté de choix laisse jusqu'ici les Français plutôt indifférents, mais tous ceux qui portent un nom « difficile », comme Connard, Crétin, Cocu, etc., échappent désormais à une procédure longue de changement de nom puisqu'ils ont la faculté de donner le nom de leur conjoint à leurs enfants.

Attention : si les parents ont désormais la possibilité de donner leurs deux noms associés à leurs enfants, la loi prévoit que ceux-ci ne peuvent en transmettre ensuite qu'un seul à leurs propres enfants (pour éviter des noms à rallonge). Quel nom les enfants abandonneront-ils dans vingt ans, dans une génération d'ici ? Sans doute faut-il s'attendre à bien des dissensions ou pressions familiales lorsqu'ils devront trancher entre le nom de leur père et celui de leur mère.

En 2021, deux nouvelles propositions de lois sont à l'étude. La première, adoptée par le Sénat, vise à nommer les enfants « nés sans vie ». La seconde vise à donner le double nom de famille des parents de façon automatique à la naissance d'un enfant.

De la compétence de la Chancellerie

Depuis 1803, les demandes de changements de noms sont examinées par la Chancellerie et sont régies depuis 1993 par les articles 60 à 61-4 du Code civil. Aujourd'hui, on appelle Chancellerie l'ensemble des services centraux du ministère de la Justice. Chaque changement de nom doit ensuite être validé par décret.

Chancelier et garde des Sceaux

Sous l'Ancien Régime, le chancelier était chargé de l'administration de la justice ; il était le premier officier du royaume. Le chancelier de France proposait les lois, les faisait rédiger et s'assurait de leurs applications. Il était secondé par un garde des Sceaux qui apposait la marque du roi sur les textes.

Aujourd'hui, on appelle chancellerie l'ensemble des services centraux du ministère de la Justice, et « ministre de la Justice » a remplacé le terme « chancelier ».

La mention de « garde des Sceaux » précède celle de ministre. On dit « garde des Sceaux et ministre de la Justice ». C'est lui qui appose le sceau de France sur réquisition du directeur des Affaires civiles et du Sceau, entre autres sur les décrets qui donnent une suite favorable à une demande de changement de nom après examen du service central compétent selon les règles des articles 60 à 61-4 du Code civil (cf. Code civil (version juin 2021) – Livre 1er : Des personnes ; Titre II : Des actes de l'état civil – Chapitre II : Des actes de naissance – Section 2 : Des changements de prénoms et de nom).

Les droits de sceau étaient perçus pour le compte du Trésor pour l'envoi des lettres patentes qui disparurent pendant la Révolution de 1848 et devinrent facultatives sous Napoléon III.

Le Conseil du sceau des titres

Le Conseil du sceau des titres a été constitué le 1er mars 1808 lorsque Napoléon 1er créa la noblesse impériale. Il était chargé de se prononcer sur toutes les demandes liées aux titres, aux armoiries et aux changements de nom. Il devait aussi instruire les affaires relatives aux titres et aux majorats à titre personnel, collecter, confirmer et reconnaître les titres de noblesse, concéder les armoiries, autoriser les services à l'étranger et expédier les lettres patentes .

La Commission du sceau

Avec les mêmes attributions, la Commission du sceau, créée par ordonnance du 15 juillet 1814 (troisième bureau de la Direction des Affaires civiles), remplaça le Conseil du sceau des titres. Elle s'effaça le temps des Cent-Jours, puis elle fut rétablie lors de la Restauration. Sa mission essentielle était la vérification de la régularité des actes de juridiction gracieuse, entre autres ceux en matière de changement ou d'addition de noms.

Le Conseil d'administration du ministère et le service du sceau

Le Conseil d'administration du ministère et le service du sceau, créé en 1830, était divisé en trois bureaux selon trois grandes attributions. Le troisième bureau était le Sceau de France qui se chargeait entre autres des changements de noms. Ce service fut rattaché à la Division civile en 1832 et continua à instruire toutes les affaires se rattachant à l'état des individus, dont les changements de nom. La Restauration avait ainsi maintenu l'essentiel de la législation napoléonienne.

Napoléon III a rétabli un Conseil du sceau des titres indépendant par un décret du 8 janvier 1859 afin que celui-ci donne son avis, les dossiers étant instruits par le bureau dudit Conseil.

Après la chute du second Empire, le Conseil d'administration de la Justice retrouva ses attributions par le décret du 10 janvier 1872, et le Conseil du sceau des titres qui avait cessé d'exister le 4 septembre 1870 (une suppression confirmée par la loi des finances du 16 septembre 1871 qui lui avait retiré tout crédit) reprit ses fonctions.

Le décret du 10 janvier 1872 a été modifié par celui du 27 mai 2005 supprimant le Conseil du sceau des titres et attribuant ses fonctions au Conseil d'administration du ministère de la Justice.

Qu'est-ce qu'un décret de changement de nom ?

Quelques définitions...

La procédure des changements de nom a été fixée par la loi du 11 germinal an XI. Chaque changement de nom doit être validé par décret. Un décret est une décision écrite qui émane du pouvoir exécutif. Il s'agit d'un acte individuel en ce qui concerne les changements de nom puisqu'il ne touche qu'une ou plusieurs personnes mais c'est aussi un acte exécutoire car émis par le pouvoir exécutif. Son contenu rappelle les textes sur le fondement desquels le décret est pris, puis énonce les articles en précisant leurs conséquences juridiques.

Un arrêté est un acte émanant d'une autorité administrative autre que le président de la République ou le Premier ministre. Le Conseil d'État, juridiction de l'ordre administratif, donne un avis à la fois sur tous les projets de lois et d'ordonnances, mais aussi sur certains décrets ; il en examine le droit, la forme et l'opportunité. Aujourd'hui, il doit aussi s'assurer que le texte n'est pas contraire à une norme européenne.

Où trouver les décrets ?

Rappelons que la procédure des changements de nom a été fixée par la loi du 11 germinal an XI. Les originaux des décrets, ordonnances et arrêtés sont à chercher aux Archives nationales :

– pour la période consulaire, impériale et les Cent-Jours : en série AF/IV, regroupant les archives de la Secrétairerie d'État impériale (an VIII-1815). www.archivesnationales.culture.gouv.fr/chan/chan/series/serieAF4.html

– pour la période de mai 1814 à mars 1815 en sous-séries BB/34/111 à 115

– pour la période de juillet 1815 à 1821 en sous-séries BB/34/117 à 155 et en BB/30/1697

– à partir de 1822 à 1930, en sous-séries BB/34/368 à 473 et BB/30/1697

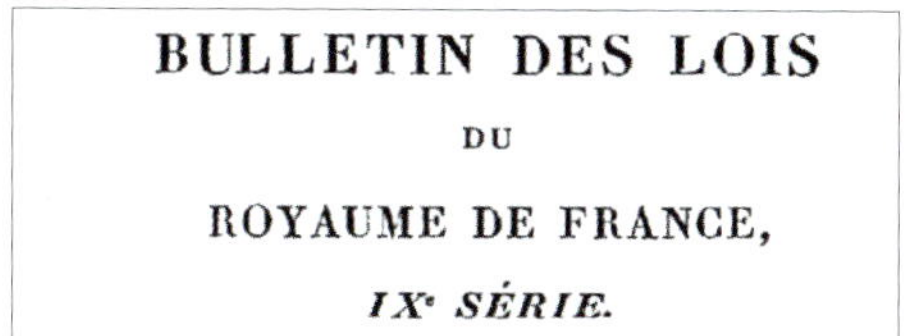
BULLETIN DES LOIS
DU
ROYAUME DE FRANCE,
IXe SÉRIE.

Les décrets sont par ailleurs toujours publiés. On les trouve selon les périodes :

– dans le *Bulletin des lois*, qui comporte des tables décennales et un index à la fin de chaque tome. Il est consultable dans certaines bibliothèques publiques, à la Bibliothèque nationale de France (dans l'espace Bibliothèque de recherche) ou par abonnement sur Filae (Gallica n'a numérisé que très peu de numéros)

– au *Journal officiel*. Attention dans la recherche : la date de publication du décret au *Journal officiel* est toujours postérieure à la date de signature du décret. Il faut donc utiliser les *Tables annuelles* qui se trouvent pour chaque année après le mois de décembre.

Le *Journal officiel* est sur microfiche de 1869 à 2004. Il est numérisé de 1881 à 2004 sur Gallica : https://catalogue.bnf.fr/ark:/12148/cb37575412z.public et il est accessible pour les périodes postérieures à 2016 sur Légifrance : www.legifrance.gouv.fr/

Attention : pour les périodes récentes, les informations nominatives ne figurent pas dans le *Journal officiel* en ligne mais seulement dans l'édition papier ou sur les microfiches, des modalités imposées par la Commission nationale de l'informatique et des libertés (CNIL).

De la compétence des tribunaux

Le tribunal de grande instance (TGI) était l'un des deux tribunaux de droit commun avec le tribunal d'instance (TI). Ces deux juridictions ont fusionné en 2020, remplacées par un tribunal judiciaire et un tribunal de proximité. Ces tribunaux prennent en charge certaines requêtes liées aux noms.

Une gravure de Daumier parue dans Le Charivari *de 1846 sur la justice de paix de son époque.*

L'organisation et ses évolutions

Historiquement, les tribunaux d'appel, ancêtres des tribunaux de grande instance, ont été organisés par la loi des 16-24 août 1790. Les tribunaux de première et seconde instances, un par arrondissement, ont été constitués le 22 frimaire an VIII (13 décembre 1799) lors de la réorganisation des institutions judiciaires autour d'une hiérarchie pyramidale des tribunaux. Voir : www.napoleon.org/histoire-des-2-empires/articles/la-reforme-judiciaire-de-lan-viii/

Au-dessus de ces tribunaux d'instance, ont été créés vingt-neuf tribunaux d'appel, chacun couvrant plusieurs départements.

Les justices de paix (justice civile) étaient des juridictions de proximité mises en place en 1790 et supprimées en 1958. Chacune était sous la responsabilité d'un juge de paix et il y en avait une par canton. Elles rendaient des jugements et des actes de juridiction gracieuse comme des procès verbaux de mort violente, des inventaires des scellés et des tutelles, des conciliations et des interrogatoires, des rapports d'expertise, des notoriétés. Elles statuaient même parfois sur des actes d'état civil. Le tribunal de Cassation était au sommet de la pyramide.

> *Les dossiers de demandes de rectification de nom sont à rechercher aux archives départementales, en série U (archives des tribunaux).*

L'organisation depuis 1958

Le tribunal d'instance succéda à la justice de paix en 1958. Le tribunal d'instance statua jusqu'en 2019 sur les affaires civiles ; le tribunal de proximité lui a succédé en 2020. Le tribunal de grande instance succéda au tribunal d'appel (tribunal civil de district) puis il fut à son tour remplacé en 2020 par le tribunal judiciaire.

Quelques définitions

- **Nom de famille** : nom de naissance, indiqué sur l'acte de naissance. Il peut s'agir du nom du père ou de la mère, voire (depuis 2005) des deux noms accolés. Ce nom de famille peut être aussi donné à l'enfant lors d'une adoption simple ou plénière, ou modifié lorsqu'il y a un motif légitime comme par exemple un désaveu de paternité. L'expression « nom de famille » a remplacé juridiquement le mot patronyme (qui signifie étymologiquement nom du père) depuis la loi du 1er mars 2002.
- **Nom d'usage** : ce nom est facultatif, mais utilisé au quotidien. Il peut s'agir du nom de votre conjoint, d'un double nom composé de votre nom et du nom du conjoint, ou encore, d'un double nom composé de votre nom de naissance et du nom du parent qui ne vous a pas transmis son nom à la naissance.
- **Nom marital** : nom de votre conjoint, il peut être utilisé comme nom d'usage, mais non transmis. L'appellation « nom de jeune fille » a été supprimée en 2005.

Les demandes examinées par les tribunaux

Les principes

La justice civile règle les litiges entre les personnes. Les tribunaux, au civil, exercent à la fois une juridiction contentieuse, c'est-à-dire qu'ils règlent les différents entre particuliers, et une juridiction gracieuse, c'est-à-dire qu'ils délivrent des actes qui répondent à la requête d'un particulier.

Les demandes en rectification d'état civil sont donc ainsi de la compétence de ces tribunaux. On parle de « rectification de nom » lorsqu'il s'agit de rétablir un surnom, de récupérer une particule ou un nom de terre porté avant la Révolution, mais aussi lorsqu'il s'agit de corriger une erreur qu'elle soit matérielle ou substantielle. Les paragraphes suivants abordent les différents cas pouvant être traités par ces tribunaux. Pour trouver celui dont relève votre domicile, consultez www.justice.fr/recherche/annuaires.

Correction d'une erreur d'orthographe

Lorsque votre nom est mal orthographié dans un acte (erreur ou omission qualifiées de « matérielles »), la démarche de rectification doit être faite auprès de la mairie (voir chapitre suivant).

Mais si l'acte erroné a été établi à l'étranger, l'interlocuteur est le procureur de la République près le tribunal judiciaire de Nantes ; si le document erroné concerne l'état civil d'un réfugié ou d'un apatride, l'interlocuteur est le procureur de la République près le tribunal judiciaire de Paris.

Dans tous les cas, il faut produire la photocopie d'une pièce d'identité, la copie intégrale de l'acte à rectifier et tout document justifiant de la rectification à effectuer.

Correction d'un oubli sur une information essentielle

Un oubli en ce qui concerne une information essentielle, cela peut être une erreur de filiation, erreur qualifiée de « substantielle ». La démarche doit être entreprise par requête au greffe du tribunal judiciaire ou de proximité dont dépend le domicile du demandeur ou la mairie où a été rédigé l'acte. Il faut produire la photocopie d'une pièce d'identité, la copie intégrale de l'acte à rectifier et tout document justifiant de la rectification à effectuer.

Rectification d'actes d'étrangers en France

Pour apporter des rectifications à des actes de l'état civil de résidents étrangers, chaque ressortissant doit s'informer de la procédure à suivre propre à son pays d'origine. Il faudra parfois avoir recours à un avocat.

Pour l'Algérie, par exemple, la rectification des actes d'état civil transcrits auprès des services consulaires algériens ne peut intervenir que sur ordonnance du tribunal de Sidi M'Hhamed à Alger sur présentation de l'ensemble des pièces suivantes : 1° une demande manuscrite de rectification ; 2° une pièce d'identité algérienne ; 3° un acte transcrit portant l'erreur en arabe ; 4° un acte d'état civil délivré par la mairie traduit en arabe ; et 5° l'acte de mariage ou la fiche familiale des parents.

www.embalgeria.nl/rectification-des-actes-detat-civil/

Pour le Maroc, il faut obtenir l'autorisation du procureur du roi à Rabat et présenter un dossier composé des pièces suivantes : 1° une copie intégrale de l'acte de naissance de l'intéressé ; 2° une attestation justifiant de l'erreur ; 3° un visa du service de l'état civil où l'acte a été enregistré. En cas de refus du procureur du roi, une requête peut être adressée au président du tribunal de première instance de Rabat.

https://www.alhalalmadania.ma/Fr/MarocainResidantAEtranger/Pages/Rectifications-des-actes-d%C3%A9tat-civil.aspx

De la compétence des mairies

La mairie est le lieu où sont rédigés les actes d'état civil par l'officier en charge de l'état civil. La mairie est et reste une administration locale qui a des compétences en matière de changement de nom.

Les pouvoirs du maire

La délégation aux collectivités territoriales du Sénat, dans son rapport intitulé *Faciliter l'exercice des mandats locaux*, note qu'« en quelques décennies une technicité de plus en plus pointue s'est imposée dans la gestion des affaires locales. Désormais, les élus doivent disposer de connaissances précises dans leurs très nombreux domaines d'intervention. Les deux formes de la complexité - répartition des rôles et des pouvoirs entre les strates du mille-feuille territorial, maquis normatif à mettre quotidiennement en œuvre - se combinent et font de la gestion locale, tout au moins dans les petites communes dépourvues de services, un exploit d'équilibrisme. Les titulaires de délégations, en particulier, sont appelés à se spécialiser dans des matières précises, mouvantes, souvent très techniques, et en outre politiquement sensibles : questions environnementales, sécurité publique et questions juridiques ».

> *Les pouvoirs du maire sont nombreux et la charge de travail reposant sur les épaules des élus locaux s'est accrue considérablement ces dernières décennies.*

Parmi les attributions qu'ils exercent au nom de l'État, le maire et les adjoints sont officiers d'état civil, comme le rappelle l'article L.2122-32 du CGCT, sans que les adjoints aient besoin d'une délégation du maire pour exercer ces fonctions (CE, 11 oct. 1991, Ribauté et Balanca, n°92742).

Les fonctions de l'officier de l'état civil

Les actes de l'état civil sont établis par les officiers de l'état civil, qui exercent leurs fonctions sous le contrôle du procureur de la République (Code civil, art. 34-1).

C'est en mairie que furent par exemple enregistrés en 1808 les noms de famille pris par les juifs (voir pages 36-37 : Changements de noms et évènements). C'est aussi en mairie que sont affichées puis enregistrées les demandes de reprises de noms des morts au combat sans postérité depuis 1923 (voir pages 36-37). Plus récemment, la mairie peut saisir le procureur de la République s'il y a désaccord entre les parents quant au nom de famille à attribuer à un enfant nouveau-né (voir pages 40-41 : Changement sociétal et noms de famille). C'est à la mairie que sont reçus conjointement les parents d'un enfant né à l'étranger afin de faire enregistrer le changement de nom de l'enfant (pages 44-45 : sur simple demande ou déclaration). C'est aussi à la mairie qu'on doit s'adresser, comme on l'évoque dans le chapitre précédent, lorsque le nom est mal orthographié dans un acte (erreur ou omission qualifiées de « matérielles »). La démarche de rectification doit être faite auprès de la mairie où l'acte a été enregistré sur papier libre ou transcrit via le formulaire Cerfa n° 11531 (NB. Ce formulaire permet aussi de rectifier un prénom, un domicile ou une profession erronés). Et les missions des officiers d'état civil ne s'arrêtent pas là.

Le changement de nom des communes

L'autonomie des communes sur leur propre nom est l'une des composantes de la libre administration posée en principe de base du droit des collectivités territoriales (article L 1111-1 du code général des collectivités territoriales).

Le décret numéro 2018 – 674 du 30 juillet 2018 marque l'intérêt porté par les services centraux à cette libre administration des collectivités en simplifiant les modalités de changement de nom des communes. Ainsi, l'article L2111-1 du code général des collectivités territoriales indique que « le changement de nom d'une commune est décidé par décret, sur demande du conseil municipal et après consultation du conseil départemental ». Les changements de noms qui sont la conséquence d'une modification des limites territoriales des communes sont prononcés par la Direction générale des collectivités locales (DGCL) qui dépend du ministère de l'Intérieur.

Les changements de prénoms au XXIe siècle

Avant 2016 : les tribunaux

Avant 2016, l'article 60 du code civil prévoyait que toute personne justifiant « d'un intérêt à agir » pouvait demander à changer de prénom. La demande devait être portée devant le juge aux affaires familiales, seul compétent pour décider de ce changement.

Depuis 2016 : les mairies

La loi du 18 novembre 2016 de modernisation de la justice du XXIe siècle a modifié le régime juridique des changements de prénom. Pour recentrer les juridictions sur leurs missions essentielles, elle confie cette compétence à l'officier de l'état civil. Il peut saisir le procureur de la République en cas de difficulté, en particulier si le prénom demandé par les parents pour leur enfant est contraire aux intérêts de l'enfant ou aux droits des tiers à voir protéger leur nom de famille.

En conséquence, l'article 60 nouveau du Code civil prévoit que toute personne peut demander à l'officier de l'état civil à changer de prénom. La demande est remise à l'officier de l'état civil du lieu de résidence ou du lieu où l'acte de naissance a été dressé. Mais pour que cette démarche puisse être acceptée, il faut toujours y avoir un intérêt légitime.

S'il s'agit d'un mineur ou d'un majeur sous tutelle, la demande doit être remise par son représentant légal. L'adjonction ou la suppression d'un des prénoms portés ou la modification de leur ordre dans l'état civil peuvent également être demandées.

Si l'enfant est âgé de plus de treize ans, son consentement personnel est requis. La décision de changement de prénom est inscrite sur le registre de l'état civil. Notons que le changement de prénom peut aussi désigner sa francisation.

Avec recours aux tribunaux en cas de litige

S'il estime que la demande ne revêt pas un intérêt légitime, en particulier lorsqu'elle est tout à fait contraire à l'intérêt de l'enfant ou aux droits des tiers à voir protéger leur nom de famille, l'officier de l'état civil doit saisir sans délai le procureur de la République et en informer le demandeur.

Si le procureur de la République s'oppose au changement, le demandeur, ou son représentant légal, peut alors saisir le juge aux Affaires familiales (cf. la loi n° 2016-1547 du 18 novembre 2016 de modernisation de la justice du XXIe siècle, art. 56, JORF, 19 novembre 2016).

Rappelons que le juge aux Affaires familiales (JAF) est en France un magistrat du siège chargé de statuer quant aux affaires matrimoniales et familiales, notamment toutes celles relatives au mariage, au divorce, à la liquidation du régime matrimonial, aux couples non-mariés et aux questions relatives à l'autorité parentale.

Le procureur de la République est toujours saisi au tribunal judiciaire du lieu du domicile, alors que le juge aux Affaires familiales peut l'être tant au tribunal judiciaire qu'au tribunal de proximité.

Les prénoms à la mode

En 2020, les prénoms les plus donnés étaient, pour les filles, Emma, Jade et Louise, pour les garçons, Gabriel, Léo et Raphaël.
En 2021, les parents tendent à choisir des prénoms courts aux sonorités en -a pour les filles (Lina, Mila, Mia...) ou tirés de l'Ancien Testament pour les garçons (Nathan, Raphaël, Aaron...). Ces prénoms d'aujourd'hui correspondront-ils à la personnalité, à la profession voire au destin des enfants ?

Le dossier de changement de nom

La supplique

La supplique ou requête est la demande par laquelle on sollicite une faveur. Il s'agit le plus souvent d'une simple requête écrite à adresser à l'autorité compétente. Dans le cas d'une demande de changement de nom, il faut l'adresser au service du Sceau.

Simple et facile ?

La demande de changement de nom ne nécessite pas obligatoirement de faire appel à un généalogiste, ni d'avoir recours à un avocat. Le dépôt du dossier n'entraîne pas le paiement de quelque somme que ce soit à l'exception des frais de publication dans un journal d'annonces légales habilité dans le département de votre lieu de résidence ou au *Journal officiel* quelque soit le lieu de résidence. Ces frais restent toujours à la charge du demandeur.

Toutefois, il est important lorsque l'on se lance dans cette démarche – qui peut sembler simple et facile – de ne pas se précipiter, de connaître les limites de ses connaissances et de mettre tous les moyens en œuvre pour faire aboutir la requête au mieux.

Comment rédiger la requête ?

La requête est en général rédigée sur papier libre, de préférence dactylographiée pour être parfaitement lisible. Elle doit mentionner vos nom, prénom(s) et adresse. Elle doit faire impérativement ensuite l'inventaire de tous vos arguments, en développant les raisons pour lesquelles vous entreprenez la demande de changement de nom : ces arguments serviront, en bien ou en mal, à prouver qu'un intérêt légitime existe bien. Et pour être complète et recevable, la requête est nécessairement accompagnée des copies de toutes les pièces justificatives appuyant la supplique.

> ! *Il n'est pas possible de faire une demande pour se voir attribuer le nom de son conjoint ou de son concubin.*

Qu'appelle-t-on « intérêt légitime » ?

Les termes « intérêt légitime » peuvent recouvrir des motifs personnels :

– le caractère difficile à porter du nom de famille (consonance ridicule, péjorative, ou nom trop complexe)

– l'apparence ou l'origine étrangère du nom, dans le but d'une meilleure intégration à la communauté française

– l'usage constant et continu d'un nom sur au moins trois générations pour faire ainsi reconnaître une possession d'état d'un nom de famille porté pendant de longues années

– la volonté d'éviter la disparition d'un nom, éteint ou menacé d'extinction et porté par un ascendant ou un collatéral jusqu'au quatrième degré

– l'unité du nom familial si des frères / sœurs, issus d'une même fratrie (même père et même mère) portent des noms différents.

Mais l'intérêt légitime est également défini par la jurisprudence, qui considére aussi comme des motifs légitimes :

– le désir d'harmoniser son nom avec celui d'autres membres de la famille ayant bénéficié d'un changement de nom définitif (14 janvier 1976, décision 95724)

– un motif d'ordre affectif tel que l'abandon de l'enfant (16 mai 2018, décision 409656)

Tout n'est pas toujours simple...

L'interprétation des motifs légitimes n'est pas toujours simple. Un exemple : le garde des Sceaux avait refusé à M. X la possibilité de « substituer au nom de son père à consonance turque celui de sa mère pour tenir compte de son attachement à sa mère et de l'abandon de son père alors qu'il n'était âgé que de deux ans ». M. X a fait appel. La cour administrative d'appel de Paris a répondu favorablement à sa requête et a annulé la décision précédente. Voir détails sur le site http://actu.dalloz-etudiant.fr

Avant de procéder à la demande en changement de nom, il peut donc être utile de prendre les services d'un avocat qui analysera la jurisprudence, puisque celle-ci complète ou crée de nouvelles règles de droit dit jurisprudentielles et ouvre la voie à d'autres motifs légitimes que ceux habituellement retenus.

Deux exemples de changements de nom

Le roi saint Louis et un général d'Empire

Un requérant avait invoqué le risque d'extinction d'un nom pour demander à le reprendre. Sa requête, rejetée par le ministre de la Justice, trouve gain de cause devant le tribunal administratif après un recours. Le juge administratif avait retenu trois éléments pour justifier sa décision :

• **l'illustration du nom :** le requérant a « prouvé qu'il est issu, par sa mère, des descendants du roi Louis IX (1214-1270) qui vivait au XIIIe siècle. La descendance s'est poursuivie durant quelques siècles jusqu'à la naissance d'un homme promu général d'Empire pour avoir servi Bonaparte en Égypte » et dont la notoriété « conduira à l'inscription de son nom sur les colonnes de l'Arc de triomphe de Paris »

• **la menace d'extinction du nom :** par la production d'un arbre généalogique en ligne directe et collatérale, le requérant avait apporté la preuve « qu'aucun descendant ne porte le nom qu'il se propose de relever »

• **la continuité dans la gestion du domaine familial** puisque le requérant souhaitait continuer l'œuvre de son grand-père en reprenant la gestion de 300 hectares d'un vaste domaine familial.

Toutes ces circonstances œuvrant à définir un intérêt légitime, le juge administratif a enjoint au garde des Sceaux de réexaminer la requête en changement de nom et de présenter la notification de l'arrêt. Ce qui fut fait.

L'intérêt légitime est interprétable et propre à chacun ou chacune, il faut donc avoir de bonnes raisons de vouloir le changement de nom.

Une histoire de cinq ans qui finit bien

C'est par ces mots que s'est terminée une demande de changement de nom de M. B. aboutie en 2020 : « Je vous annonce qu'au terme d'une procédure de plus de deux ans mon changement de nom a été accepté par le ministère de la Justice. Un grand merci pour le travail que vous avez effectué ». L'histoire avait commencé fin 2015 par une demande auprès d'un cabinet de généalogie.

La première étape pour le généalogiste est de savoir si la demande est recevable et d'estimer le coût de la recherche, pour produire un devis gratuit et sans engagement.

La deuxième étape est la collecte des documents généalogiques. Dans cet exemple, elle avait été semée d'embûches : il y avait de nombreuses lacunes, le dépôt départemental d'archives ayant subi des bombardements en 1944 ; pour compliquer les choses, la famille avait peu de biens, donc pas de déclaration de succession, pas de contrat de mariage, bref : pas d'actes notariés à produire.

Dans cette situation, il faut apporter tout ce qui peut vous permettre de prouver la descendance d'un couple : papiers de famille, recensements de population, registres matricules, listes électorales, aides, etc. Le dossier généalogique était complet à l'exception d'un décès d'avant 1946 non localisé. Or, il suffit d'un seul document manquant pour que le dossier soit refusé. Il fallait « impérativement » que tous les événements soient localisés et prouvés. Le décès fut trouvé après plusieurs mois, on était en février 2017, il était temps de transmettre le dossier à un avocat.

Après une prise de contact avec un premier avocat , le dossier généalogique fut confié à un autre cabinet en mars 2017, les honoraires du premier étant estimés trop élevés par M. B.

Le dossier fut déposé au service du Sceau en décembre 2017 par le cabinet d'avocat qui s'était assuré que l'arbre généalogique produit indiquait bien « les membres de toutes les branches tant féminines que masculines, descendants et collatéraux y compris, remontant au trisaïeul de votre mère ou père dont le nom est sollicité, accompagné des copies intégrales des actes de naissance et de décès des personnes y figurant et de tous documents, notamment des actes de succession ou copies de livrets de famille, de nature à établir l'extinction du nom demandé ».

En mai 2018, la Direction des Affaires civiles et du Sceau demanda à M. B. de compléter le dossier en transmettant l'original de l'annonce légale, ce qui fut fait sur le champ par le cabinet d'avocat. Puis les mois ont passé sans nouvelles. C'est le 10 septembre 2020 que fut enfin reçue l'annonce du succès de la procédure.

Chaque dossier est différent, les délais peuvent varier, mais ils descendent rarement au-dessous de deux ans.

Les annonces légales

Les annonces légales sont les annonces qui sont qualifiées d'obligatoires par la loi du 4 janvier 1955 pour la validité ou l'opposabilité aux tiers des procédures, des contrats et des événements intervenant durant la vie sociale. Elles sont obligatoires dans le cadre d'un changement de nom.

Les journaux d'annonces légales

Toute requête en changement de nom doit faire au moment de son dépôt l'objet d'une publication dans un journal d'annonces légales (JAL). La liste des périodiques habilités, fixée chaque année au mois de décembre par un arrêté du préfet, est sur www.juripresse.fr/journaux-habilites-annonces-legales/. Pour obtenir une habilitation, le journal doit avoir rempli les conditions suivantes :

Si la résidence du requérant est à l'étranger, celui-ci est dispensé de la publication dans le pays où il réside.

– avoir son siège social et être publié ou avoir une édition dans le département

– être un journal d'information générale, judiciaire ou technique

– être imprimé sur papier, les journaux d'information uniquement web n'étant pas autorisés à s'inscrire

– détenir un numéro de CPPAP (Commission paritaire des publications et agences de presse)

– paraître toutes les semaines (les mensuels ou les bimestriels sont donc exclus)

– paraître depuis plus de six mois au moins ;

– justifier d'une diffusion payante atteignant le minimum fixé par décret selon le département, par abonnements, dépositaires ou vendeurs

– et ne pas consacrer plus des deux tiers de sa surface à la publicité, annonces judiciaires et légales comprises.

Le prix de publication des annonces légales (tarification à la ligne) est fixé chaque année par les ministères de l'Économie et de la Culture.

Les sites Internet habilités

Depuis le 1er janvier 2020, la publication d'une annonce légale peut se faire sur les versions Web des journaux habilités (ci-dessus). Il suffit de saisir l'annonce sur le portail www.annonces-legales.net comme suit : vous remplissez le formulaire en ligne ; vous recevez alors une attestation de parution à fournir au greffe ; puis vous recevez un justificatif de parution.

Publications officielles, récapitulatif

- **Bulletin des lois**. Parution de l'an II à l'année 1931. Publication des décrets de changements de noms avec des tables nominatives jusqu'en 1918.
- **Journal officiel**. Parution depuis 1869. Publication des décrets de changements de noms, pas de tables nominatives.

Le contenu des annonces

Les publications doivent comporter l'état civil du candidat au changement de nom, son adresse et le nom ou les noms sollicités.

Quand le requérant agit en son nom personnel, le texte prend la forme suivante (exemple, noms, dates et lieux modifiés) :

– Monsieur Jean AKKARI né le 11 juin 1973 à Flers (Orne), demeurant 36 rue des Vignes 28130 Pierres, agissant en son nom personnel, dépose une requête auprès du garde des Sceaux à l'effet de substituer à son nom de famille celui de MEUNIER.

Quand le requérant agit en son nom personnel mais aussi au nom d'un enfant ou de ses enfants mineurs, l'annonce légale prend cette forme :

– Monsieur Jean AKKARI né le 11 juin 1973 à Flers (Orne), demeurant 36 rue des Vignes 28130 Pierres, agissant tant en son nom personnel qu'au nom de son enfant mineur Pierre AKKARI né le 10 mai 2015 à Suresnes (Hauts-de-Seine) dépose une requête auprès du garde des Sceaux à l'effet de substituer à son nom de famille celui de MEUNIER.

Pour en connaître plus, lisez des exemples réels et des modèles d'annonces légales de demande de changement de nom et contenant les mentions légales obligatoires, parues dans un journal habilité comme *La Gazette des annonces légales* sur : https://annonces-legales.net/modeles-annonces-legales/personne-physique/demande-changement-nom

Exemples d'annonces légales de 2019

Publiée le 04/11/2019 au *Journal officiel*
Monsieur L. Dominique Robert Marie né à Paris 15e (Paris) le 19/01/1962, et Madame P. épouse L. Christèle Françoise née à Paris 12 (Paris) le 20/01/1973, demeurant 57, avenue du Peuple Belge, 59800 LILLE (Nord), agissant tant en leur nom personnel qu'au nom de leur enfant mineur L. Anthime Ambroise, né le 21/06/2009 à Saint-Cloud (Hauts-de-Seine), déposent une requête auprès du garde des Sceaux afin de s'appeler à l'avenir L. M. d'A. Pour avis.

Publiée le 28/10/2019 au *Journal officiel*
Madame F. Sandrine, demeurant 32 rue André Audoli, Résidence Castelroc Bas, 13010 MARSEILLE (Bouches-du-Rhône), agissant au nom de ses enfants mineurs G. Maïwen, née le 17 février 2004 à Basse-Terre (Guadeloupe) et G. Maëlys, née le 17 février 2004 à Basse-Terre (Guadeloupe) et G. Mayanne Khaïra Janine, née le 29 janvier 2006 à Basse-Terre (Guadeloupe), dépose une requête auprès du garde des Sceaux afin de s'appeler à l'avenir F. Pour avis.

Publiée le 19/10/2019 au *Journal officiel*
Monsieur B. Nicolas né à Rambervillers (Vosges) le 05/06/1968, et Madame D. Malcy née à Boulogne-Billancourt (Hauts-de-Seine) le 04/02/1970, demeurant 52 Hornton Street, 75008 London W84NT (Grande-Bretagne), agissant tant en leur nom personnel qu'au nom de leurs enfants mineurs B. Amélie, née le 09/07/2003 à Suresnes (Hauts-de-Seine) et B. Leopold, né le 26/02/2014 à Paris (Paris), déposent une requête auprès du garde des Sceaux afin de s'appeler à l'avenir B. Pour avis.

Publiée le 07-10-2019 au *Journal officiel*
Madame S. Anais, demeurant 611 Chemin de Saint-Férréol , 84170 MONTEUX (Vaucluse), agissant au nom de ses enfants mineurs P. Mathéo, né le 23/04/2007 à Salon-de-Provence (Bouches-du-Rhône) et P. Alexandre, né le 18/12/2011 à Salon-de-Provence (Bouches-du-Rhône), dépose une requête auprès du garde des Sceaux afin de s'appeler à l'avenir S. Pour avis.

Publiée le 22-09-2019 au *Journal officiel*
Monsieur L. Chan et Madame N. épouse L., demeurant 28 rue de la Côte-du-Nord, 93100 Montreuil (Seine-Saint-Denis), agissant au nom de leur enfant mineur L, Hong, Uyen, Lise, née le 22 mai 2008 à Saint-Martin-d'Hères (Isère), déposent une requête auprès du garde des Sceaux afin de s'appeler à l'avenir L. Pour avis.

Publiée le 06-09-2019 au *Journal officiel*
Monsieur A. époux A. Robin et Madame D. épouse D. Soalem Nazari , demeurant 6 ter rue du Grand Noyer , Bâtiment 3, Appartement 3002, 77170 Brie-Comte-Robert (Seine-et-Marne), agissant au nom de leur enfant mineur A. Diego, né le 17/12/2017 à Saint-Maurice (Val-de-Marne), France, déposent une requête auprès du garde des Sceaux afin de s'appeler à l'avenir A. Pour avis.

Publiée le 28-08-2019 au *Journal officiel*
Monsieur L. Filipe né à Brou-sur-Chantereine (Seine-et-Marne) le 01/08/1974, et Madame F. Carine née à Lagny-sur-Marne (Seine-et-Marne) le 17/10/1976, demeurant 4 rue du Printemps, 93220 Gagny (Seine-Saint-Denis), agissant tant en leur nom personnel qu'au nom de leurs enfants mineurs L. Ruben, né le 22/09/2007 à Lagny-sur-Marne (Seine-et-Marne) et L. Nina, née le 21/03/2010 à Lagny-sur-Marne (Seine-et-Marne) et L. Iris, née le 03/01/2013 à Jossigny (Seine-et-Marne), déposent une requête auprès du garde des Sceaux afin de s'appeler à l'avenir G. Pour avis.

Le dossier à constituer

Un dossier doit être monté à l'appui de votre requête. Il faut minutieusement le constituer sinon, comme dans toute démarche administrative, votre demande risque un rejet s'il n'est pas complet ou pas suffisamment argumenté.

Première question : votre résidence ?

Si vous résidez en France, la démarche se fait en deux étapes : 1) publiez votre demande au *Journal officiel* et dans un journal d'annonces légales de votre département de résidence ; 2) adressez ensuite votre demande au ministre de la Justice.

Si vous résidez à l'étranger, il faut : 1) publier votre demande au *Journal officiel* ; 2) adresser ensuite votre demande au ministre de la Justice.

En quoi consiste le dossier ?

S'il s'agit d'une demande liée à un nom mal sonnant, ou avec une homonymie pénalisante, il faut rassembler tous les documents, attestations, témoignages... prouvant un préjudice réel.

S'il s'agit de rectifier l'orthographe d'un nom, par exemple pour reprendre la particule « de », ou pour scinder votre nom qui s'écrivait initialement en deux mots, comme « Levainqueur » que vous voulez écrire « Le Vainqueur » comme au XVIIIe siècle, vous devez vous appuyer sur les signatures. Le nom de famille peut être écrit dans le texte des actes sous une forme, mais la signature des intervenants dans l'acte peut être une preuve de la « véritable » orthographe. Dans ce cas précis, vous devez collecter des actes qui comportent des signatures. Si vos ancêtres étaient analphabètes et ne signaient pas, les résultats seront moins probants.

> **!** *La copie d'un document français destinée à une administration française n'a pas besoin d'être certifiée conforme. La copie conforme est délivrée à la demande d'une administration étrangère.*

S'il s'agit d'un dossier de demande de reprise d'un nom de famille en voie de disparition, vous devez produire un arbre généalogique remontant au moins jusqu'au bisaïeul (ascendant au 3e degré) ou trisaïeul (ascendant au 4e degré) par la production de toutes traces de ces lointains ancêtres et l'identification des générations ascendantes (actes d'état civil, actes notariés, comme les inventaires après décès, partages ou testaments, actes de notoriété, etc, ou documents fiscaux, comme les déclarations de succession. Si ces documents n'existent pas ou plus, les recensements de la population peuvent être présentés). Les pièces à joindre pour étayer votre dossier sont donc à la fois des actes d'état civil, des actes notariés, des documents fiscaux, adminsitratifs ou de la vie courante, en fait tout document qui apporte la preuve de ce que vous annoncez.

Les actes d'état civil à produire

Dans le cadre d'une demande de reprise d'un nom en voie d'extinction ou éteint, les actes d'état civil sont essentiels (actes de naissance, de mariage, de décès, de reconnaissance, etc.). Il faut produire tous les actes de naissance, mariage, décès (photocopies, photographies pour les actes anciens, copies ou actes non filiatifs pour les actes de moins de 75 ans) de tous les individus cités dans l'arbre généalogique. Les actes de décès et les tables décennales sont communicables sans délai à tous, les actes de naissance et de mariage ne le sont qu'au-delà de 75 ans depuis la loi de 2008. Voir sur le sujet : https://francearchives.fr/fr/article/26287562

Pour obtenir la délivrance de certains actes de l'état civil malgré le délai de 75 ans, il est conseillé de produire la copie des livrets de famille et de demander des copies non filiatives.

Les actes d'état civil peuvent être obtenus :

– dans les mairies, le service de l'état civil conservant obligatoirement les registres de moins de 75 ans, souvent ceux de moins de 100 ans

– aux archives communales. Les actes d'état civil de plus de 75 ou 100 ans sont souvent transférés aux archives municipales (grandes villes)

– aux archives départementales qui regroupent la série dite communale (des petites villes et des villages) et la série du greffe civil. Les archives départementales ont pour la plupart numérisé et mis en ligne les actes de l'état civil de plus de 75 ans. Attention si la lecture des actes anciens est difficile, vous devez joindre leur transcription dans le dossier.

Les autres documents qui peuvent faire preuve

Les actes notariés

Toujours dans le cadre d'une demande de changement de nom, vous pouvez vous appuyer sur les actes notariés, actes juridiques rédigés et signés par un notaire et par les parties, pour reconstituer une généalogie totalement exhaustive. Les actes notariés qui sont susceptibles d'accompagner votre dossier sont les suivants :

– le partage après décès. Comme il consiste à attribuer à chaque héritier des biens, il permet d'identifier les héritiers vivants, voire leurs descendants si eux-mêmes sont décédés

– l'inventaire après décès qui liste les possessions du défunt et peut nommer les héritiers

– l'acte de notoriété qui établit, dans le cadre du règlement d'une succession, la qualité hérditaire des successibles reconnus par la loi

– le testament, par lequel la personne dispose de son vivant de ses biens après son décès. Il peut être olographe, c'est-à-dire rédigé et signé de la main du testateur, authentique c'est-à-dire dicté par le testateur au notaire en présence de deux témoins, ou mystique c'est-à-dire à la fois olographe et authentique (mélange des deux).

Les actes notariés peuvent être obtenus :

– dans les archives de l'étude notariale. Mais le notaire est tenu au secret professionnel. Il ne peut délivrer une copie (version papier ou électronique, et contre des frais de reproduction) d'un acte notarié de moins de 75 ans qu'aux parties nommées dans l'acte demandé. Signalons que le MICEN (minutier central électronique des notaires) rassemble à ce jour plus de 750 000 actes dématérialisés. NB. En cas de refus de la part du notaire, il est possible de déposer une requête auprès du président du tribunal judiciaire ou de proximité concerné

– pour les actes anciens aux archives départementales ou au Minutier central des notaires parisiens pour Paris (Archives nationales, Caran, avec certains répertoires numérisés), où les notaires déposent leurs archives. Le délai de communicabilité des actes notariés est de 75 ans pour les minutes et répertoires des notaires, de 100 ans pour les actes authentiques concernant une personne mineure.

Les documents fiscaux

La succession d'une personne s'ouvre à son décès. Les héritiers doivent déposer une déclaration de succession auprès de l'administration fiscale par l'entremise d'un notaire qui établit un acte de notoriété, dresse un bilan du patrimoine du décédé, remplit les formalités administratives et procède au partage des biens.

La déclaration de succession permet de vérifier le montant des droits de succession que les héritiers doivent payer et les identifie donc, ce qui permet de compléter l'arbre généalogique à partir de sources absolument fiables. Elle est déposée au centre des impôts du domicile du défunt dans un délai de six mois si le défunt est décédé en France, d'un an s'il est mort à l'étranger.

Les déclarations de succession, dont le délai de communicabilité est de 50 ans, sont :

– au service fiscal de l'enregistrement (centre des Finances publiques, pôle enregistrement) du domicile du défunt. Pour identifier les services chargés de l'enregistrement, reportez-vous au site www2.impots.gouv.fr/liste_pole_enr/index.htm

– aux archives départementales où il vous faut explorer différentes séries d'archives selon la période : série W, série Q (Domaines et enregistrement, pour y consulter les tables de successions et absences), série C (Administrations provinciales, pour y consulter les tables du contrôle des actes de l'Ancien Régime).

Les recensements de la population

Toujours pour étayer une généalogie dans le cadre d'un dossier de changement de nom, vous pouvez vous appuyer sur les recensements. Ils n'ont hélas pas toujours été conservés, mais ils peuvent être recherchés soit en mairie, soit aux archives municipales, soit aux archives départementales (série M, Administration générale). Leur délai de communicabilité est de 75 ans.

Les documents divers

Pour terminer, ajoutez tout document qui apporte la preuve de ce que vous annoncez dans votre supplique : faire-part, articles de presse, dossiers militaires, courriers, documents administratifs...

L'EXAMEN DE LA DEMANDE

Une fois la demande déposée, le service du Sceau du ministère de la Justice instruit votre dossier. Ce service peut diligenter une enquête et aussi demander l'avis du Conseil d'État en cas de difficulté.

MINISTÈRE
DE LA JUSTICE
Liberté
Égalité
Fraternité

L'examen de la demande avant 1994...
Jusqu'au 1er janvier 1994, la procédure de changement de nom, régie par la loi du 11 germinal an XI, nécessitait pour l'instruction :

– une enquête conjointe de la Cour d'appel et du Conseil d'État diligentée par le service civil du parquet du tribunal de grande instance du lieu de résidence du requérant, ou, si celui-ci demeurait à l'étranger, à l'agent diplomatique compétent
– un avis de la Cour d'appel
– un avis du Conseil d'État
– une proposition du service du Sceau soumise au Premier ministre.

Le Défenseur des droits est souvent saisi de réclamations sur les délais de traitement des demandes de changement de nom.

... et depuis 1994
La loi du 8 janvier 1993 est entrée en application le 1er février 1994, mais des opérations de vérifications et contrôles sont toujours nécessaires.

En 2018, à propos des délais de la procédure (voir page de droite), une instruction menée par le Défenseur des droits fait apparaître que « les délais de traitement actuels peuvent atteindre jusqu'à six années, durant lesquelles, de surcroît, les usagers sont dans l'impossibilité d'obtenir des informations sur l'état d'instruction de leur demande » [Décision 2018-252 du 4 décembre 2018]. Conséquences immédiates : un état des dossiers en attente et des délais de traitement a été dressé dès le mois de décembre 2018, plusieurs responsables hiérarchiques ont reçu des délégations de signature et des fonctionnaires supplémentaires ont été recrutés.

Un projet de numérisation et de dématérialisation du Sceau est en cours d'élaboration par les équipes du secrétariat général et de la section du Sceau. Le déploiement de l'outil numérique avec un portail d'accès pour les requérants doit faciliter et accélérer le traitement des dossiers incomplets et signifier au requérant la nécessité de transmettre des pièces manquantes. Chaque dossier sera attribué dès son arrivée à un gestionnaire qui s'assurera de sa recevabilité et sera responsable du suivi complet.

La Direction des Affaires civiles et du Sceau (DACS) fait tout pour améliorer l'efficience de la section du Sceau. Mais il reste utile de rappeler aux demandeurs qu'il faut faire preuve de patience et insister sur la qualité du travail en amont pour bâtir un dossier solide et éviter tout rejet.

Les opérations de vérifications et contrôles
Les employés du service du Sceau vérifient que votre dossier comprend le bordereau récapitulant toutes les pièces, mais aussi que votre acte de naissance date bien de moins de trois mois, que vous avez bien la nationalité française, par la production de la copie de votre carte nationale d'identité ou un certificat de nationalité française, que le bulletin n° 3 de votre casier judiciaire est vierge, et que vous avez joint l'original du journal d'annonces officiel ou l'attestation de publication si celle-ci est dématérialisée. Le service du Sceau s'assure aussi que votre requête personnelle est datée et signée, que vous y avez bien précisé les raisons de l'abandon du nom d'origine et du choix du (ou des) noms demandé(s). Si vous proposez plusieurs nouveaux noms possibles, vous devez indiquer votre ordre de préférence.

Lorsque la demande de changement de nom concerne un mineur, le dossier doit être présenté par les deux parents. Si la demande est présentée par un seul parent, il faut obtenir l'autorisation du juge des tutelles.

Les délais de la procédure

Des délais particulièrement longs

Le délai pour obtenir une décision relative à un changement de nom est variable. Il est fonction de la complexité de la demande. Dans tous les cas, il faut compter au moins plusieurs mois, voire plusieurs années (deux à trois ans, voire plus).

Dans une question publiée au *Journal officiel* (JORF) le 9 juin 2015, Thierry Mariani attirait l'attention de la garde des Sceaux d'alors, Chritiane Taubira, sur les délais de traitement des demandes de changement de nom de famille par le service du Sceau. Il mettait en évidence « une forte progression de ce type de demande ce qui entraîne un travail plus important pour les employés du service. Malgré la bonne volonté des employés, ce flux de demandes a pour effet une augmentation inquiétante des délais de traitement des demandes. Les employés de la Direction des Affaires civiles et du Sceau peuvent connaître un retard pouvant aller jusqu'à vingt-trois mois dans l'analyse des nouvelles demandes ».

Le ministre de la Justice confirme dans sa réponse que « ce service a connu une hausse importante des demandes dans les années 2000 ». À cette époque, le nombre annuel de demandes était de l'ordre de 1 200. Il est monté à 1 400 en 2005 puis a frôlé les 2 500 en 2015. Le ministre de la Justice annonce alors un renforcement du service et met en œuvre un plan d'action pour distinguer deux types de dossiers :

– les dossiers qui ne présentent pas de difficulté particulière au regard des motifs qui fondent la demande : consonance ridicule ou péjorative du nom, unité du nom de la famille...

– les dossiers plus complexes qui nécessitent de définir avec précision l'intérêt légitime au sens de l'article 61 du code civil. Dans ces dossiers, les employés du service du Sceau doivent instruire et étudier les pièces versées afin de déterminer le fondement du caractère légitime, par exemple le manquement grave d'un parent à ses obligations.

Sur le site Internet du Service public, vous trouverez une liste des motifs considérés comme légitimes pour changer de nom : www.service-public.fr/particuliers/vosdroits/F1656. On y aborde aussi les motifs d'ordre affectif qui peuvent dans des circonstances exceptionnelles justifier d'un changement de nom comme des relations conflictuelles entre parents ayant entraîné l'abandon de l'enfant par son père selon un avis du Conseil d'État.

Attention : si vous renoncez à votre demande, vous devez le faire par écrit dans les deux mois qui suivent l'envoi de votre dossier.

Les délais face à la Cour européenne

Selon la Cour européenne des droits de l'homme (CEDH), des délais de procédure supérieurs à deux ans portent atteinte à la vie privée et familiale, à la liberté de circulation au sein de l'UE et au droit à un procès équitable. Selon elle, le changement de nom tombe dans le champ d'application de l'article 8 [arrêt du 27 août 2013] de la Convention européenne des droits de l'homme qui « ne contient pas de disposition explicite en matière de nom, mais en tant que moyen d'identification personnelle et de rattachement à une famille le nom d'une personne n'en concerne pas moins sa vie privée et familiale ». La CEDH n'est pas compétente pour définir la politique en matière de changements de nom des autorités nationales mais doit chercher si la façon de traiter les dossiers n'enfreint pas la Convention européenne en respectant les intérêts de l'individu. La CEDH a jugé que des délais anormalement longs portaient non seulement « atteinte à l'effectivité du droit à la vie privée et familiale » mais aussi à la liberté d'aller et de venir des binationaux, français et ressortissants d'un autre État membre, qui doivent pouvoir bénéficier d'un changement de nom. Conséquence : l'État français a été condamné [arrêt du 17 juin 2013] pour atteinte au droit à un procès équitable dans le cadre d'une procédure de changement de nom.

L'ACCEPTATION DE LA DEMANDE

Votre demande de changement de nom va rester en cours d'instruction pendant quelques mois, voire quelques années. Et puis un jour, vous recevez le courrier tant attendu : votre demande est acceptée ! Il vous faut alors entamer des changements administratifs longs et fastidieux.

Quand le changement de nom est autorisé...

Si votre demande de changement de nom a été acceptée, un décret est publié au *Journal officiel* (JO) puis un exemplaire dit aussi « ampliation » vous est envoyé par courrier recommandé.

Modifier les actes d'état civil

Pour faire modifier votre état civil sur vos papiers d'identité et auprès des administrations, des banques, etc., vous devez en faire la demande au procureur de la République de votre lieu de naissance par courrier, en joignant une copie du décret autorisant le changement de nom et éventuellement la copie des actes d'état civil.

! *Un délai minimum de deux mois après la publication du décret de changement de nom est exigé pour faire modifier les actes d'état civil.*

Aux termes de l'article 1056 du nouveau Code de procédure civile, « toute décision dont la transcription ou la mention sur les registres de l'état civil est ordonnée doit énoncer les prénoms et nom des parties ainsi que, selon le cas, le lieu où la transcription doit être faite ou les lieux et dates des actes en marge desquels la mention doit être portée ».

La publication des décisions

Les décisions sont publiées au *Bulletin des lois*, puis au *Journal officiel* à partir de 1931. Lorsque le *Journal officiel* contient des informations nominatives, les textes sont depuis 2018 en accès protégé [JORF n° 0051 du 02/03/2018].

Mention puis rectification des papiers

Une fois la confirmation reçue, il faut demander un certificat de non opposition auprès du Conseil d'État car il y a un délai de deux mois pour que quelqu'un se manifeste et conteste éventuellement la demande après la parution du décret au *Journal officiel*. Passés les deux mois, il faut compter deux à trois semaines pour recevoir le certificat de non opposition. Ensuite, il faut écrire au procureur concerné (celui de la ville préfecture de votre département de naissance) pour lui demander d'apposer les mentions du changement de nom sur les registres d'état civil. Une fois cela fait, il faut obtenir plus d'une vingtaine de copies d'acte de naissance avec mention pour effectuer les changements des pièces d'identité et les modifications auprès des services sociaux (sécurité sociale, prestations familiales, invalidité, incapacité, chômage...), des organismes bancaires et de retraite, des services administratifs (impôts, eau, électricité, écoles...), des services publics (poste, téléphone, messagerie....), des organisations syndicales, associatives... Attention : cette procédure est plus longue et pénible que lorsque l'on change de domicile.

Le décret de changement de nom

Ce décret est rédigé selon la forme suivante :

Le Premier ministre,

Sur le rapport du garde des sceaux, ministre de la Justice, Vu le Code civil, notamment son article 61, Décrète :

Artcile 1er – Sont autorisés à changer leur nom de X en Y (suit la liste des requérants par ordre alphabétique).

Article 2 – Conformément aux articles 61-1 et 61-4 du code civil, la mention sur les actes de l'état civil du nouveau nom conféré par le présent décret ne pourra être requise par le procureur de la République qu'après l'expiration d'un délai de deux mois à compter de la publication dudit décret au Journal officiel et que la justification qu'aucune opposition n'aura été formée devant le Conseil d'État.

Article 3 – Le garde des Sceaux, ministre de la Justice, est chargé de l'exécution du présent décret, qui sera publié au Journal officiel de la République française.

Fait le [date] – Par le Premier ministre

Le (la) garde des Sceaux, ministre de la Justice

Et si votre dossier est déclaré incomplet ?

Un avertissement souvent tardif...

Parfois, vous aurez attendu plusieurs mois avant de recevoir une réponse vous indiquant... que votre dossier est incomplet (voir encadré). Ainsi pour un dossier déposé fin août 2019, cela a été signifié à l'intéressé début juin 2020.

Depuis décembre 2020, il semble que le nom de la personne qui suit le dossier soit indiqué dans le courrier, avec un numéro de téléphone, et l'indication de jours et heures d'appels pour « consultations téléphoniques ».

Le bordereau qui est joint à l'envoi de ce courrier stipule qu'il faut joindre « tous les documents probants justifiant la demande » signalés comme nécessaires et manquants.

Le courrier signalant un dossier incomplet

Le courrier signalant que le dossier déposé est incomplet est émis par le ministère de la Justice, Sceau de France, Bureau du Droit des personnes et de la famille, sous-direction du droit civil, direction des affaires ciciles et du Sceau. Y figurent les références du dossier et son objet : *Votre demande de changement de nom de A en A-D. Accusé de réception. Dossier incomplet.*
La rédaction prend la forme suivante :
Par courrier en date du ..., vous avez présenté au garde des Sceaux, ministre de la Justice, une demande de changement de nom sur le fondement de l'article 61 du code civil. J'ai l'honneur de vous faire connaître qu'en application du décret modifié n° 94-52 du 20 janvier 1994, relatif à la procédure de changement de nom une telle demande est irrecevable si elle est incomplète.
Vous voudrez bien compléter votre dossier par la production des pièces cochées sur le bordereau au verso. L'instruction de votre demande ne pouvant être effectuée qu'à compter de la complétude du dossier, je vous serais obligé de me transmettre ces documents dans les meilleurs délais, sous les références visées ci-dessus. Faute de réponse dans un délai de trois mois, vous serez considéré comme vous désistant de fait de votre demande ».

... mais des réponses rapides exigées

À la réception de ce courrier, vous aurez seulement trois mois pour compléter votre dossier. Si vous ne respectez pas ce délai (car collecter certains documents peut prendre plus de temps), vous serez alors obligé de refaire une nouvelle demande en repartant entièrement de zéro. Surtout pas de précipitation dans la réponse pour autant : ce qui compte, c'est de s'appliquer à compléter le dossier au mieux.

Signalons que, avec la Covid 19, les démarches administratives ont pris du retard, et que les accès aux archives sont ralentis. Par conséquent, si vous avez reçu un courrier vous précisant que votre dossier n'est pas complet et que vous avez trois mois au moins pour le compléter, vous avez la possibilité de demander à prolonger ce délai de trois mois au regard des difficultés actuelles pour collecter les documents manquants.

Faut-il fournir des documents originaux ?

L'administration rappelle que « les pièces produites, constituant le dossier de la demande, sont conservées dans la mesure où elles fondent la décision du ministère de la Justice [en clair : elles ne sont jamais rendues]. Par conséquent lorsque les pièces n'existent qu'en un seul original, les demandeurs sont autorisés à n'en fournir qu'une photocopie ». Ne vous désaisissez donc pas, pour votre demande, du livret de famille de vos grands-parents par exemple.

Ne vous désaisissez jamais pour l'envoi de votre dossier de demande de changement de nom de documents originaux uniques, comme les livrets de famille, remis lors du mariage ou de la naissance d'un enfant. Envoyez toujours des copies.

Le refus de la demande

Autrefois discrétionnaire, le refus de changement de nom doit être motivé depuis le décret du 20 janvier 1994 (article 6). Notifié au demandeur, il est susceptible de recours devant la juridiction administrative.

Le refus doit être motivé

Il n'est pas possible de demander à changer de nom pour des motifs purement commerciaux, sentimentaux, professionnels ou pour des raisons de simple convenance personnelle.

Si votre demande de changement de nom n'a pas été acceptée, le refus doit désormais être motivé. Il est par exemple dit que vous n'avez pas apporté la preuve de l'extinction du nom de famille, etc.

Vous pouvez contester ce refus devant le tribunal administratif dans les deux mois de sa notification. Mais, avant tout recours auprès de ce tribunal, vous pouvez tenter un recours gracieux auprès du ministre de la Justice à condition de présenter de nouveaux éléments pour que votre recours soit examiné. Ce recours gracieux doit intervenir dans les deux mois suivant la notification du refus ce qui interrompt fort heureusement le délai pour saisir le tribunal administratif.

Un État membre de l'UE ne peut refuser de reconnaître à un ressortissant de l'UE le nom de famille qui apparaît sur les actes de son État d'origine.

Signalons que si le délai de deux mois expire un samedi, un dimanche ou un jour férié ou un jour chômé, le délai est prolongé jusqu'au premier jour ouvrable suivant.

Le tribunal administratif

Le tribunal administratif juge les litiges entre les particuliers et les administrations (État, collectivité territoriale, établissement public ou organisme privé chargé d'une mission publique). La procédure est entièrement écrite, il faut donc saisir le tribunal administratif par voie de requête, c'est-à-dire par une simple lettre adressée au greffe concerné, le tout accompagné de la supplique initiale, de la réponse administrative et des pièces que vous avez jointes à votre dossier.

Le tribunal administratif est composé de trois juges dont un rapporteur en charge de l'instruction. C'est lui qui décide des mesures nécessaires pour résoudre le litige. Toute la procédure est écrite sous forme de « mémoires ».

Comment écrire au tribunal administratif ?

Il faut adresser en général votre requête au tribunal administratif dans le ressort duquel se trouve l'autorité administrative qui vous a répondu. Il existe quarante tribunaux administratifs sur tout le territoire : Amiens, Bastia, Besançon, Bordeaux, Caen, Cergy-Pontoise, Châlons-en-Champagne, Clermont-Ferrand, Dijon, Grenoble, Guadeloupe (Basse-Terre), Guyane (Cayenne), La Réunion (Saint-Denis), Lille, Limoges, Lyon, Marseille, Martinique (Schoelcher), Mayotte (Mamoudzou), Melun, Montpellier, Montreuil, Nancy, Nantes, Nice, Nîmes, Nouvelle-Calédonie (Nouméa), Orléans, Paris, Pau, Poitiers, Polynésie française (Papeete, Tahiti), Rennes, Rouen, Saint-Pierre-et-Miquelon, Strasbourg, Toulon, Toulouse, Versailles et Wallis-et-Futuma (Uvea).

Votre lettre doit commencer par la formule suivante : *[Madame/Monsieur] le Juge, Je soussigné(e) [Nom et prénom], né(e) le [date] à [Lieu] et domicilié(e) à [adresse précise], procède par la présente à la saisine de votre tribunal d'un recours en excès de pouvoir.*

Si, après examen de votre contestation, la formulation du jugement de ce tribunal administratif est : « Considérant que, par les moyens qu'il invoque M.X... n'est pas fondé, selon le cas, à demander l'annulation de la décision contestée », cela sous-entend qu'il existait un moyen opérant, mais que faute de l'avoir soulevé, la requête a été rejetée. Pour éviter d'en arriver là, pour donner toutes ses chances à votre contestation en évitant toute maladresse ou méconnaissance, il est préférable de se faire assister par un avocat.

Cour administrative d'appel et Conseil d'État

Pour contester un refus du tribunal administratif, vous pouvez saisir (avec un avocat) une cour administrative d'appel. Il en existe huit : Bordeaux, Douai, Lyon, Marseille, Nancy, Nantes, Paris et Versailles.

Enfin, s'il vous faut faire intervenir l'échelon supérieur ensuite, le Conseil d'État, créé en 1799 par Napoléon Bonaparte, Palais-Royal à Paris, est la plus haute juridiction qui tranche en dernier ressort les litiges relatifs aux actes des administrations.

Et s'il y a opposition d'un tiers ?

Les conséquences d'une opposition

On l'a vu page 20, toute requête en changement de nom doit faire au moment de son dépôt l'objet d'une publication dans un journal d'annonces légales. Le but de cette publicité légale est de permettre à toute personne qui pourrait s'estimer lésée par votre demande de changement de s'y opposer. Ainsi, à chaque étape, un tiers peut s'opposer au changement de nom. Pour cela, il doit exposer des raisons précises, par exemple vouloir protéger son propre nom de famille, et écrire au ministère de la Justice dans un délai précis : entre la parution au *Journal officiel* de votre demande et la publication dans ce même *Journal officiel* du décret portant le changement de nom.

Si ce tiers a connaissance trop tard de votre demande et qu'il l'apprend après le décret publié au *Journal officiel*, il peut encore s'y opposer et en obtenir l'annulation en engageant une procédure devant le Conseil d'État dans les deux mois suivant la publication du décret.

Deux possibilités : soit le Conseil d'État rejette l'opposition, soit il annule le décret relatif au changement de nom. Dans ce dernier cas, vous ne pouvez plus renouveler votre demande de changement de nom sauf à présenter de nouveaux éléments ou à demander un autre nom que celui initialement choisi.

Un exemple de jurisprudence administrative

Le *Journal du Palais* du 5 décembre 1860 écrit en page 927 (Jurisprudence administrative. Nom, changement, autorisation, opposition, préjudice) : « Il y a lieu de rejeter l'opposition formée par un tiers au décret autorisant un particulier à changer de nom, lorsque l'opposant, bien que portant le même nom que celui attribué à l'impétrant, n'éprouve aucun préjudice du décret d'autorisation » (voir anal. Supra., Cons. d'État, 10 avril 1860, Fourier de Bacourt).

Ainsi, dans l'affaire opposant Henrys d'Aubigny à C. Cochon, les conclusions sont les suivantes : « Les sieurs Henrys d'Aubigny et autres ont formé opposition, devant le Conseil d'État, à un décret impérial du 12 mars 1859, inséré au *Bulletin des lois* du 8 avril suivant, par lequel le sieur Cochon (Charles-Fursy) et son fils mineur, le sieur Cochon

La lecture des annonces légales (obligatoires) peut alerter un tiers qui s'opposera à votre demande de changement de nom.

(Gustave-Fursy) avaient été autorisés à substituer à leur nom patronymique celui de d'Aubigny, et ils ont demandé que ledit décret fût rapporté.

Le sieur Cochon (Charles-Fursy) a défendu à cette demande et a justifié par des actes d'état civil et autres pièces que le nom de « d'Aubigny » avait toujours été porté par son père et par lui-même et accolé à son nom patronymique. Il a fait observer que, du reste, un grand nombre de personnes étaient déjà en possession du nom « d'Aubigny ».

Les opposants sont donc déboutés comme l'indique le tribunal le 5 décembre 1860 (décr. n° 31, 139, MM. de Belbeuf rapp., E. Baroche c.du g., Rendu et Bellaigue av.) : « [...] Vu la loi du 11 germinal an XI, considérant que les requérants ne justifient pas que le décret attaqué leur cause préjudice ; qu'ainsi ils n'ont pas intérêt à s'opposer à ce que le sieur Cochon (Charles-Fursy) et son fils mineur le sieur Cochon (Gustave-Fursy) soient autorisés à substituer à leur nom patronymique celui de « d'Aubigny » et à s'appeler à l'avenir « d'Aubigny » ; que dès lors, ils doivent être déclarés mal fondés dans leur opposition. Art. 1er. La requête des sieurs Henrys d'Aubigny est rejetée [...] ».

La recherche d'un dossier

Les archives de l'administration centrale du ministère de la Justice ont été déposées aux Archives nationales, Caran ou site de Fontainebleau, aujourd'hui fermé (transfert en cours à Pierrefitte-sur-Seine). Les documents récents sont aux Archives contemporaines de la Justice. C'est dans ces fonds, mais aussi dans les revues spécialisées, que vous pouvez chercher trace d'un dossier ancien.

Aux Archives nationales, site du Caran

Les modifications de noms sont faites, on l'a vu, par décision administrative ou par décision judiciaire. Les recherches sur la période antérieure à la Révolution sont à mener au Centre d'accueil et de recherche des Archives nationales (Caran, 11, rue des Quatre-Fils, Paris 3e) :

– pour la période du XIVe à la fin du XVIIe siècle, il faut recourir aux registres des bannières et publications au Châtelet de Paris (série Y)

– pour les XVIIe et XVIIIe siècles, consultez en série V/1/542 (Grande Chancellerie) les lettres de changement de nom, mélangées aux pièces éparses de cette série qui comporte les dispenses de mariage, les légitimations, les lettres de naturalité, d'anoblissement, de confirmation et de maintenue de noblesse, etc. La table de La Trollière en a fait l'inventaire pour les années 1674-1787 (Lettres de naturalité et de légitimation).

Aux Archives nationales, site de Pierrefitte

Pour les archives postérieures à la Révolution, la recherche est à conduire aux Archives nationales, site de Pierrefitte-sur-Seine (59, rue Guynemer, 93380 Pierrefitte/Seine) :

– la série BB/12 pour la période 1803-1820 (souvent des régularisations de changements de noms effectués en fin d'Ancien Régime.

– les séries BB/11 et AB/XIX /2644 à 2679 à partir de 1820

– la série BB/29/470 à 503, sur support microfilm, pour la période 1832-1860 ;

– BB/29/470 à 503 (microfilms) pour la période 1860-1888

> **!** *Le transfert des fonds d'archives de Fontainebleau à Pierrefitte-sur-Seine devrait être achevé au printemps 2022.*

Que la recherche soit menée au CARAN ou à Pierrefitte-sur-Seine, il faut d'abord passer par la Salle des inventaires virtuelle (SIV) : www.archives-nationales.culture. gouv.fr/de/web/guest/salle-des-inventaires-virtuelle

Grâce aux inventaires, aux notices, aux bases de données, cette SIV permet de trouver des pistes de recherche, voire de consulter directement certaines archives numérisées, de remplir des formulaires de recherche et d'obtenir de l'aide.

Vous pouvez consulter, entre autres, l'inventaire en ligne des archives du Bureau du droit civil général et section du sceau (1808-1969), qui est coté 20030031/1-20030031/14.

Les dossiers de demandes de changement de nom repérés, non accessibles en ligne, sont à consulter sur place. Comme un même carton en contient plusieurs, pour ne pas risquer le mélange des pièces des dossiers entre elles, le dossier demandé est « extrait » par les archivistes. Voir la *Fiche d'aide à la recherche* par Pierre Bureau et Danis Habib, Archives nationales, 2019.

Aux Archives contemporaines de la Justice

Pour la période contemporaine, il faut s'adresser aux Archives contemporaines de la Justice (13 place Vendôme, 75042 Paris cedex 01). Site : www.archives-judiciaires.justice.gouv.fr/index.php?rubrique=10774

Elles conservent le fonds de la Direction des Affaires civiles et du Sceau (DACS), dont certains datent de l'an XI et les plus récents de 2008. Pour se repérer suite aux remaniements successifs de la DACS, il est utile de prendre connaissance de l'histoire administrative des origines à 2008 sur le site ci-dessus. L'ensemble documentaire titré *Sceau de France* contient les dossiers et les décrets de changement de nom 1822-2003, répartis sous plusieurs intitulés : Dossiers de principe (1920, 1940, 1946-1992), Dossiers de changement de nom (1946-2003), Décrets (1822-2001), Fichier (1945-1988), Registres (1967-1987).

La recherche dans les revues spécialisées

LA

GAZETTE DU PALAIS

2e SEMESTRE 1903

TABLE ANALYTIQUE

RÉPERTOIRE UNIVERSEL DE LA JURISPRUDENCE FRANÇAISE

Des revues juridiques bien utiles

Plusieurs revues juridiques spécialisées dans l'analyse et la veille juridique, souvent régionales, fourmillent de détails sur les procédures de changements de nom. Utiles aux professionnels, elles sont aujourd'hui d'un grand intérêt pour le public. Pour faciliter l'accès aux informations contenues, il existe un recueil des décisions publiées et un répertoire universel de jurisprudence. Gallica a numérisé les deux principales :

– *La Gazette du Palais*, fondée en 1881, pour 21 années soit 53 numéros https://gallica.bnf.fr/ark:/12148/cb343631340/date

– *Le Journal du Palais* (Paris) de 1802 à 1888. https://gallica.bnf.fr/ark:/12148/cb34363191t/date.r=

Un exemple de contenu

Le Journal du Palais du 10 avril 1860 donne en page 858 le déroulé d'une demande de changement de nom qui trouve son épilogue en 1860 et qui s'avère passionnant pour le généalogiste.

« Lorsqu'une ou plusieurs personnes représentant une branche d'une famille ont été autorisées par le gouvernement à prendre un nom que l'auteur commun avait ajouté, avant 1789, à son nom patronymique, cette autorisation ne fait pas obstacle à ce que la même concession soit accordée aux représentants d'une autre branche (voir Rép. Gén. Pal. Et Supp., V° Nom, n° 58 et suiv.)

Fourier de Bacourt – Une ordonnance royale du 20 juin 1821 a autorisé le sieur François-Godefroy Fourier, ainsi que ses enfants, à joindre au nom de Fourier celui de « de Bacourt », nom qui était porté, dès 1789, tant par l'impétrant que par son ascendant Jean-Pierre Fourier, seigneur de Bacourt.

Par un décret postérieur du 20 avril 1859, le sieur Charles Louis Xavier Fourier, appartenant à la même famille, a été aussi autorisé à ajouter à son nom patronymique celui de « de Bacourt ». Les descendants de François-Godefroy Fourier ont saisi le Conseil d'État d'une opposition à ce dernier décret, et ils ont soutenu que la branche de la famille Fourier à laquelle ils appartenaient avait un droit exclusif à la propriété du nom de « de Bacourt » ; qu'il n'y avait pas lieu, dès lors, de concéder à une autre branche de la même famille un nom qu'elle n'avait jamais porté.

Du 10 avril 1860 (décr. N° 30, 569, MM. de Belbeuf rapp., E. Baroche, c. du g., Fabre et Delaborde av.) : « Napoléon, etc. ; Vu la loi du 11 germinal an XI. Considérant que toutes les parties qui sont en cause devant nous ont pour auteur commun Jean-Pierre Fourier, lieutenant général du bailliage de Nomény, dans l'ancienne procince de Lorraine, et qu'il n'est contesté par aucune d'elles que ledit Jean-Pierre Fourier ait pris la qualification de seigneur de Bacourt, comme propriétaire de la terre de Bacourt. Considérant que, si, par l'ordonnance royale du 20 juin 1821, ci-dessus visée, le sieur François-Godefroy Fourier, représentant la troisième branche de la dite famille, a été autorisé, ainsi que ses enfants à ajouter à son nom patronymique celui de « de Bacourt », cette ordonnance ne peut faitre obstacle à ce que la même autorisation soit accordée aux autres descendants dudit Jean-Pierre Fourier, seigneur de Bacourt. Considérant, dès lors, que les requérants ne sont pas fondés à former opposition à notre décret ci-dessus visé, par lequel nous avons autorisé le sieur Charles-Louis-Xavier Fourier à ajouter à son nom patronymique celui de « de Bacourt » et à s'appeler à l'avenir « Fourier de Bacourt ». Art. 1er. La requête présentée au nom des sœurs et dames de Roquefeuil, de Gonneville, de Froidefond des Farges, de la dame veuve Darantière, de la demoiselle Pauline Fourier de Bacourt et du sieur Louis-Adolphe-Aimé Fourier de Bacourt est rejetée ».

Les incidences historiques et sociologiques

Changements de noms et intégration

Depuis le XXe siècle, le principe de l'immutabilité du nom de famille s'est bien assoupli, bien que parallèlement l'orthographe du nom se soit fixée à la toute fin du XIXe siècle. Puis, après la Seconde Guerre mondiale, la francisation des noms des étrangers a été permise. Quelques exemples...

La dissimulation d'une identité

Dans les pires moments de l'histoire, changer de nom peut sauver des vies. Bien des enfants juifs ont été cachés sous des noms d'emprunt le temps que le danger passe. Le contrecoup de ces persécutions a amené en 1947 le Conseil d'État a reconnaître « la consonance israélite » comme « motif légitime » de changement de nom (2 000 changements accordés ainsi entre 1945 et 1957). Changer de nom dans ce cas précis, c'est tenter d'oublier une histoire tragique et meurtrière, c'est découdre l'« étoile jaune » qui mettait au ban de la société, mais c'est aussi une façon de se cacher dans la société où l'on vit et dans laquelle on n'a plus confiance. Après guerre, 5 % des juifs français ont fait la démarche, soit 10 000 personnes. En 1950, ils représentaient 64 % des changements.

Les Arméniens préféraient quant à eux changer de nom lorsqu'ils commerçaient avec la Turquie. Après le génocide arménien de 1915, l'immigration arménienne fut une immigration d'installation. Certains prirent un nouveau nom en s'installant dans leur nouvelle patrie pour une meilleure adaptation. Parfois juste en raccourcissant leur nom comme « Aznavour » pour « Aznavourian », d'autres fois en le traduisant. Lire pour plus d'infos le blog *Le sens derrière les noms de famille arméniens* : www.familysearch.org/blog/fr/votre-nom-de-famille-armenien/

La francisation du nom peut être demandée lors de l'acquisition de la nationalité française ou l'année qui suit par toute personne en instance de naturalisation française ou réintégrée dans la nationalité française.

Pour les personnes d'origine maghrébine, beaucoup de témoignages confirment que « pour réussir », il faut se fondre dans la société.

Toutes ces raisons ont fait exploser le nombre de demandes de changements de nom. En 1991, sur 521 décrets, 323 concernaient des noms à consonance étrangère, et cela s'est encore accru.

La francisation des noms des naturalisés

L'article 61 du Code civil prévoit la possibilité de « changer de nom dans le souci d'une meilleure intégration à la communauté nationale ». Plusieurs textes ont traité de la francisation des noms des naturalisés : l'ordonnance du 2 novembre 1945, puis la loi du 25 octobre 1972.

L'acquisition ou la réintégration de la nationalité française peuvent également autoriser une modification du nom de famille, en application de la loi n° 72-964 du 25 octobre 1972. La francisation du nom selon une procédure simplifiée vise à faciliter une meilleure intégration dans la communauté française des étrangers qui deviennent français. Cette procédure est ouverte à toute personne acquérant ou recouvrant la nationalité française lorsque l'apparence, la consonance ou le caractère de son nom peut, selon elle, gêner son intégration dans la communauté française. La francisation consiste à :

– traduire le nom étranger en langue française

– le modifier pour lui faire perdre son apparence, sa consonance ou son caractère étranger

– reprendre son ancien nom français en cas de réintégration (cas d'une personne qui avait perdu la nationalité et qui la récupère).

La demande de francisation, qui nécessite le consentement des enfants de la famille s'ils sont âgés de plus de treize ans, est recueillie dans un acte séparé qui est transmis au ministère des Affaires sociales chargé des naturalisations. Elle est accordée par un décret simple. Il peut y être fait opposition dans un délai de deux mois, à compter de la publication de ce décret publié au *Journal officiel*. La mention du nom francisé est portée d'office sur réquisition du procureur de la République du lieu de domicile du bénéficiaire en marge de ses actes de l'état civil, et le cas échéant de ceux de son conjoint et de ses enfants (article 12 de la loi du 25 octobre 1972). Ce nom francisé peut faire l'objet d'une procédure ultérieure de changement de nom (article 12-1).

La réappropriation de son nom

Une francisation sans retour ?

Un nom, c'est une langue, c'est un pays, une contrée ; c'est une famille. Si l'on change de nom, on change de langue, de pays et l'on ne s'inscrit plus dans la même famille.

Après deux générations de silence, la chape se désagrège souvent et laisse échapper des bribes d'histoires personnelles, parfois douloureuses, jusqu'à révéler ce qui avait été tu.

On constate aujourd'hui que les petits-enfants veulent souvent retrouver le nom de leur grand-père, une façon d'affirmer leur véritable identité et de transmettre leur histoire vraie à leurs enfants.

Certains demandent la liberté de reprendre leur nom d'origine. Qu'ils soient Juifs, Arméniens, Maghrébins, ils sont à la recherche de leurs racines et de leur histoire familiale. Or la France interdit un retour vers un patronyme à consonance étrangère (rappelons que la francisation du nom initial n'avait pu se faire qu'à partir d'une démarche volontaire des porteurs) : les noms abandonnés ne peuvent plus être que des noms d'usage. Le Conseil d'État refusait d'autoriser une personne à revenir à un nom changé au double motif de l'immutabilité du nom et de la consonance étrangère du nom initial.

Une législation qui bouge

Il semble cependant que l'administration modifie sa position puisqu'elle commence à donner une suite favorable à ceux qui veulent porter et transmettre le nom jadis abandonné.

Pour reprendre le nom perdu (si tant est que la démarche puisse être couronnée de succès...), la procédure reste celle du changement de nom exposée tout au long de ce guide.

Alain Didier-Weill (1939-2018), qui se nommait Alain Didier, a pu avec le collectif « La force du nom », revenir à Alain Weill. Il écrit : « N'est-il pas remarquable qu'aujourd'hui un certain nombre de juifs, écoutant cette voix non étrangère qui leur dit : va vers toi, va vers ton nom, s'entendent répondre par le Conseil d'État : non, ce nom résonne de façon beau-

coup trop étrangère ? » (Masson et Wolkowicz, 2009, p. 230). Ce collectif « La force du nom » a été composé en 2010, entre autres avec Céline Masson, maître de conférence à l'université Paris Diderot. Il a soumis les premières demandes de réversion des noms d'une trentaine de familles juives françaises au Conseil d'État. Plusieurs groupes ethniques, comme la communauté d'immigrants africains en France, ont ensuite déposé des demandes similaires.

Vous pouvez lire sur le sujet l'article de Céline Masson, « Retour au nom juif pour la troisième génération après la Shoah : " Je porte le nom de mon grand-père et non plus celui de mon père" », Revue *Dialogue*, 2015/1 (n° 207), p. 103-116. www.cairn.info/revue-dialogue-2015-1-page-103.htm

Quelle démarche pour les prénoms ?

Pour se réapproprier son prénom d'origine, il faut saisir le juge aux Affaires familiales et invoquer comme motif légitime que « vous ne vous reconnaissez pas dans le prénom français ».

Attention : puisque la francisation du prénom n'était pas obligatoire et ne l'est toujours pas, la demande de récupération du prénom d'origine peut être rejetée, le législateur souhaitant éviter la multiplication des demandes au gré des états d'âme.

CHANGEMENTS DE NOMS ET ÉVÉNEMENTS

Les familles juives n'avaient pas de noms héréditaires avant le décret du 20 juillet 1808. La Première Guerre mondiale fut si meurtrière qu'elle fit disparaître le nom de certains soldats morts pour la France. Actualité politique et désastres ont entraîné des déclarations et des demandes de changements de nom.

Les registres d'options de noms de 1808

Le décret impérial du 20 juillet 1808 n° 3589 impose aux Israélites qui n'ont pas de nom de famille et de prénoms fixes de faire individuellement, par devant l'officier d'état civil de la commune de leur domicile, la déclaration des noms et prénoms qu'ils désirent adopter pour eux et leurs descendants. Le délai imparti pour effectuer cette déclaration était de trois mois. Ce décret était applicable aussi aux Juifs étrangers qui viendraient à habiter en France.

> ! *Ces déclarations de changement de noms des familles juives sont à chercher aux Archives nationales en série F19/11010 à 11016.*

Quels noms choisir ?

Le décret spécifiait qu'il n'était permis de prendre pour nom de famille ni des noms tirés de l'Ancien Testament, ni des noms de ville. Pour les prénoms n'étaient admis que ceux autorisés par la loi du 11 germinal an XI. Les familles qui portaient déjà des noms fixes héréditaires (il y en avait) et des prénoms autorisés par la loi étaient néanmoins tenus d'en faire aussi la déclaration.

Les consistoires étaient chargés de vérifier que les consignes étaient suivies et de s'assurer de la conformité des procédures. La peine encourue pour défaut de déclaration était l'expulsion de l'Empire ou la condamnation comme faussaire.

Des généalogies plus compliquées

Pour le généalogiste, ces changements de noms et de prénoms peuvent faire perdre le fil d'une filiation. L'ancêtre de Laurent Fabius, un instituteur d'origine juive qui s'appelait Lion, changea son nom pour prendre en 1808 celui de Fabius. Comme les familles juives n'étaient à cette époque autorisées à s'établir que dans le Bordelais, dans le Comtat Venaissin ou en Alsace, il est utile de contacter les cercles locaux (par exemple le CRHF de Guebwiller pour l'Alsace), qui ont souvent dépouillé et indexé ces déclarations de nom.

Le décret du 20 juillet 1808

Art. 1er. Ceux des sujets de notre Empire qui suivent le culte hébraïque, et qui jusqu'à présent n'ont pas eu de nom de famille et de prénom fixes, seront tenus d'en adopter dans les trois mois de la publication de notre présent décret, et d'en faire la déclaration par-devant l'officier de l'état civil de la commune où ils sont domiciliés.

Art. 2. Les Juifs étrangers qui viendraient habiter dans l'Empire, et qui seraient dans le cas prévu par l'article 1er seront tenus de remplir la même formalité dans les trois mois qui suivront leur entrée en France.

Art. 3. Ne seront point admis comme nom de famille aucun nom tiré de l'Ancien Testament, ni aucun nom de ville. Pourront être pris comme prénoms ceux autorisés par la loi du 11 germinal an XI.

Art. 4. Les consistoires, en faisant le relevé des Juifs de leur communauté, seront tenus de vérifier et faire connaître à l'autorité s'ils ont individuellement rempli les conditions prescrites par les art. précédents. Ils seront tenus de surveiller et faire connaître à l'autorité ceux des Juifs de leur communauté qui auraient changé de nom sans s'être conformés aux dispositions de la loi du 11 germinal an XI.

Art. 5. Seront exceptés des dispositions de notre présent décret les Juifs de nos États ou les Juifs étrangers qui viendraient s'y établir, lorsqu'ils auront des noms et prénoms connus et qu'ils ont constamment portés [...].

Art. 6. Les Juifs mentionnés à l'article précédent [...] seront néanmoins tenus d'en faire la déclaration ; savoir : les Juifs de nos États, par devant la mairie de la commune où ils sont domicilié; et les Juifs étrangers, par-devant celle où ils se proposeront de fixer leur domicile. [...]

Source : *Bulletin des Lois*, 1808, tome 9, 4e série, décret 3589 du 20 juillet 1808, p. 27-28.

Le relèvement des noms des morts pour la France

Un hommage aux soldats disparus

La guerre de 1914-1918 a fauché 1,4 million de soldats. Des noms de famille s'éteignaient avec eux. Pour rendre hommage aux morts pour la France, le relèvement de leurs noms fut rendu possible par la loi du 2 juillet 1923. Celle-ci prévoyait une application rétroactive, comme dans le cadre de dispositions de dernière volonté par lesquelles un soldat mort pour la France aurait, depuis le 1er août 1914, déclaré vouloir transmettre son nom. On indiquait par la forme conditionnelle que, tout individu mort pour la France, s'il était le dernier représentant d'une famille, avait déclaré vouloir transmettre son nom de famille à l'un de ses parents au degré successible, mais aussi à un parent non appelé à sa succession. Le demandeur n'a donc pas été désigné par le testateur, il devait apporter la preuve de sa parenté.

Des modifications en 1957, 2003 et 2019

Il existe plusieurs versions de l'article 1 de la loi du 2 juillet 1923 perpétuant le nom des citoyens morts pour la Patrie : il a été retouché en 1957, 2003 et 2020. L'article 2 rédigé en 1923 est toujours en vigueur, l'article 3 a été modifié en 2020, et l'article 4 en 2003.

Il est précisé dans la loi de 1957 que le droit de relever le nom d'une personne morte à l'ennemi en l'ajoutant au sien appartient au plus proche de ses successibles et, si celui-ci ne l'exerce pas, aux autres successibles dans l'ordre légal, jusques et y compris le sixième degré, vivant lors de son décès, agissant tant pour eux que pour leurs enfants nés ou à naître ». Mais si la transmission du nom de famille se fait par disposition de dernière volonté, c'est-à-dire que le testateur a nommé la personne qui exercera le droit de reprendre son nom, cette disposition exclut tous les autres ayants-droit. La personne ainsi désignée doit exercer son droit dans les délais et conditions énoncées ci-dessous.

Depuis 1957, la loi prend en compte l'âge de la personne qui demande à changer de nom pour reprendre celui d'un mort pour la France. Si la personne est majeure, elle doit se pourvoir par voie de requête devant le tribunal de grande instance (tribunal judiciaire désormais) du lieu de l'ouverture de la succession, dans les cinq ans qui suivent l'établissement ou la transcription du décès. Si la personne est mineure, elle doit le faire dans les cinq ans qui suivront sa majorité « si ce droit n'a pas été revendiqué au cours de sa minorité par ses représentants légaux ».

Les modifications apportées dans les lois des 1er septembre 2003 et 1er janvier 2020 ne sont que les dispositions générales de substitution des mots : « nom patronymique » est remplacé par « nom de famille », « tribunal de grande instance » est remplacé par « tribunal judiciaire ».

Quelle procédure ?

La personne qui demandait ou demande à changer son nom de famille pour reprendre le nom d'un mort pour la France ou associer son nom au sien doit toujours se pourvoir par voie de requête devant le tribunal de grande instance, aujourd'hui tribunal judiciaire, du lieu de l'ouverture de la succession. Une fois, la requête déposée au greffe, une copie est affichée pendant trois mois dans la salle d'audience du tribunal, à la mairie du dernier domicile du défunt et à la mairie du domicile du demandeur. Une fois le délai de trois mois passé, personne ne peut s'y opposer et le tribunal ordonne alors la rectification des actes de l'état civil.

Attention : la modification du nom du demandeur relève d'une décision judiciaire. La requête, qu'il y ait ou non opposition, peut être rejetée pour des motifs tirés de la volonté expresse ou tacite du défunt ou de l'indignité du requérant.

Changements de noms et réputation

Les demandes de changements de nom peuvent être engendrées pour faire honneur à un nom de sa famille qui s'est illustré de manière éclatante ou pour renoncer à porter le nom d'une personne de mauvaise réputation.

Le général Philippe de Hauteclocque (1902-1947) avait pris le nom de Leclerc dans la Résistance pour éviter que des représailles ne soient dirigées contre sa famille. Il est connu comme Leclerc de Hauteclocque.

Le nom de guerre devient le nom légal

Après la Seconde Guerre mondiale, de nombreux combattants ont gardé le nom de guerre qu'ils utilisaient dans la Résistance.

Certains ont demandé un changement de nom officiel pour prendre celui sous lequel ils s'étaient distingués, comme Raymond Samuel (1914-2012) qu'un décret du conseil d'État du 6 janvier 1950 a « autorisé à substituer à son nom patronymique celui d'Aubrac ».

D'autres ont ajouté ce nom au leur sans pour autant entreprendre la procédure administrative, par exemple l'homme politique Jacques Delmas (1915-2000) connu ensuite sous le nom de Jacques Chaban-Delmas, Chaban étant le nom de résistance qu'il s'était choisi en 1943.

D'autres ont utilisé leur pseudonyme de résistant en nom d'usage. C'est le cas de Jean Bruller (1902-1991), illustrateur et écrivain, auteur du roman *Le Silence de la mer* en 1942, qui a adopté Vercors comme nom de code en 1941 lors de son entrée dans la Résistance pour fonder Les Éditions de Minuit. C'est ce nom qu'il a gardé en nom de plume jusqu'à son décès. Pour ses illustrations et dessins, il signait en revanche Joé Mab.

> **!** *Le nom de famille peut être source de fierté ou de honte. Certains ne souhaitent pas en changer et s'y accrochent comme à une bouée, d'autres cherchent à s'en défaire définitivement.*

Un nom, une marque, une bonne image

L'usage d'un nom de famille à titre de marque (Cartier, Renault, etc.) est fréquent, rappelant en général le nom du fondateur de l'entreprise. Cette utilisation peut être à l'origine de litiges car si le nom de famille est enregistré à titre de marque, il fait l'objet d'une exploitation commerciale. Ainsi, si votre requête de changement de nom de famille demande l'ajout ou la substitution au vôtre d'un nom devenu une marque reconnue, elle peut être rejetée car on vous soupçonne de vouloir profiter du nom pour donner une bonne image à votre propre activité. Si votre nom de famille est devenu celui d'une marque qui représente une valeur économique, vous aurez donc le plus grand mal à l'utiliser librement dans la vie des affaires.

Le nom insupportable est rejeté

Le changement de nom est parfois dû à l'image odieuse qui lui est attachée, nom connu dans les médias pour être celui d'un criminel par exemple, qu'on lui soit ou non apparenté.

Les enfants du tueur en série Landru avaient demandé et obtenu le changement de nom en Landry (décret du 4 août 1951). Après guerre, les familles alsaciennes Hitler avaient changé leur nom en Hissler ou Hitter. Autre exemple, celui du tueur en série Michel Fourniret (1942-2021), surnommé « l'ogre des Ardennes ». Pour ses trois épouses et ses cinq enfants, comment vivre avec son nom ? De sa première union, un garçon. De la seconde, un garçon décédé dans un accident du travail, et des jumelles. De la troisième, un garçon, Selim, qui a témoigné dans un livre, *Le fils de l'ogre*. L'une des jumelles s'est donnée la mort en 2006, parce qu'« elle ne voulait plus s'appeler Fourniret ». Fourniret est devenu si tristement célèbre que toute la fratrie a aujourd'hui changé de nom et de vie.

L'exemple de la famille Damiens

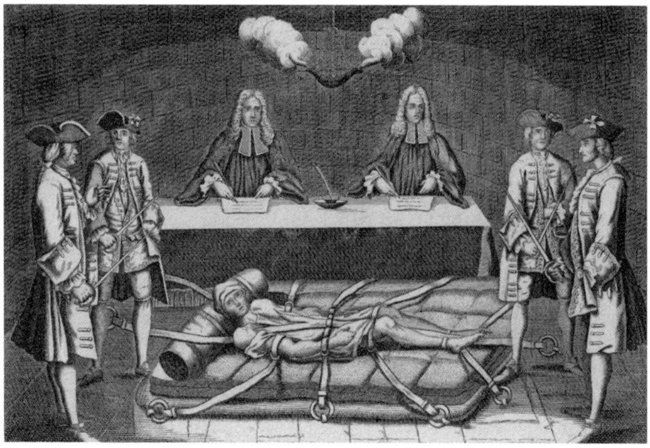

À droite, Robert François Damiens devant ses juges lors de son procès en 1757. À gauche, son portrait.

Qui était Robert François Damiens ?

Robert François Damiens est né en 1715 au hameau La Tieuloy, dépendant de la paroisse de Monchy-Breton, diocèse d'Arras. Son père, Pierre Joseph Damiens, dit fermier, ménager ou encore portier de la prévôté d'Arcq, est né en 1681 à Monchy-Breton. Sa mère, Marie Catherine Guillemant, est morte alors qu'il avait seize ans. En 1757, il lui reste deux frères et une sœur.

Après son service militaire, Robert François Damiens devient valet de réfectoire, puis domestique au lycée Louis-le-Grand à Paris. Il quitte cet emploi après son mariage, paroisse Saint-Benoît à Paris en 1739, avec Élisabeth Molerienne. Il en a deux enfants, un garçon mort en bas âge et une fille, Marie Élisabeth.

Robert François Damiens, qui côtoie le milieu de l'opposition parlementaire, finit par envisager un attentat contre Louis XV. Il passe à l'acte le 5 janvier 1757 à Versailles, mais il ne réussit qu'à blesser le roi. Arrêté, emprisonné, torturé, il est condamné à mort pour régicide, à l'issue d'un procès ouvert le 12 février 1757. La sentence est exécutée le 28 mars 1757.

La famille est condamnée aussi

Le régicide n'est pas le seul à connaître la prison : son épouse, sa fille, son père, ses frères, ses belles-sœurs et sa sœur sont arrêtés, puis transférés à la Conciergerie pour y être interrogés.

Un arrêt ordonne au père, à l'épouse et à la fille de « quitter pour toujours le Royaume, à peine de mort s'ils y sont rencontrés ». Quant aux frères et sœurs, on leur enjoint de changer de nom et « on ordonne la démolition de la maison où le scélérat est né ».

Des condamnations respectées à la lettre

L'épouse du régicide, Élisabeth Molerienne, originaire de Metz (Moselle), alors cuisinière à Paris, et sa fille Marie Élisabeth, enlumineuse de découpures à Paris, quittent le royaume pour le Grand-Duché du Luxembourg. La fille prend le nom de sa grand-mère paternelle, Guillemant, sur ordre du roi en 1757.

Les deux frères et la sœur de Damiens encore vivants en 1757 prennent aussi sur ordre du roi le nom de leur mère, Guilleman(t) :

– Antoine Joseph Damiens (1712-1789), peigneur de laine, époux en secondes noces de Marie Jeanne Pauvret, établi à Saint-Omer ;

– Louis Damiens (1726), domestique, marié avec Elizabeth Schoirtz, établi à Paris ;

– Marie Catherine Damiens veuve de Charles Collet, charpentier, domiciliée à saint-Omer.

L'aîné, Antoine Joseph, a au moins un fils, Jacques Michel né Damiens en 1744 et décédé Guilleman en 1806, teinturier à Saint-Omer, qui a transmis le nom Guilleman à sa descendance.

Sources : *Pièces originales et procédures du procès fait à Robert-François Damiens [...]*, P.G. Simon, Imprimeur du Parlement, MDCCLVII, et Archives départementales du Pas-de-Calais.

Changement sociétal et noms de famille

En 2021, deux propositions de lois sont à l'étude. La première, adoptée par le Sénat, vise à nommer les enfants « nés sans vie », la seconde vise à donner automatiquement le double nom de famille des parents à la naissance. Les transformations de la société ont souvent impacté les noms de famille.

Le mot patronyme a été supprimé

Le nom de famille sur lequel s'appuie toute recherche généalogique est-il en danger ? Nous vivons dans une société où naissent de nouvelles parentalités qui sonnent peut-être la fin de la filiation, en tout cas d'une certaine filiation. Elles ont réformé la question de la dévolution du nom de famille, jusqu'à entraîner peut-être la disparition du nom du père.

Nous avons changé les règles de dénomination sans avoir pris modèle sur les pays qui utilisaient déjà ce système. À l'avenir, la recherche de la filiation française risque d'être un vrai casse-tête !

On ne parle d'ailleurs plus aujourd'hui de patronyme, mais de nom de famille. Le mot patronyme (qui signifie étymologiquement nom du père) a été officiellement remplacé par l'expression « nom de famille » dans l'article 1 de la loi du 1er mars 2002. Le législateur a considéré en effet qu'il y avait une incohérence à réduire le nom de famille au seul nom patronymique puisque depuis la loi de 2002 le matronyme devenait transmissible. Il lui a paru opportun de remplacer l'expression « nom patronymique » par « nom de famille ».

Par ailleurs, cette loi a défini un nouveau régime de dévolution du nom de famille. Le choix des parents est devenu triple : ils peuvent donner à leurs enfants soit le nom du père, soit le nom de la mère, soit les deux noms accolés dans un ordre déterminé par eux, dans la limite d'un nom de famille pour chacun d'eux. En l'absence de choix ou en cas de désaccord, le nom du père s'impose. Le choix appliqué au premier enfant vaut ensuite pour les autres enfants communs à naître.

Plus de 83 % des parents choisissent toujours de donner le nom du père (source Insee).

On ne peut plus imposer son nom de famille

La loi du 17 mai 2013 sur le mariage pour tous s'applique en théorie aux couples de même sexe, mais l'article 2 qui traite du choix du nom de famille et qui prend en compte le désaccord éventuel des deux parents sur le choix du nom de famille d'un enfant est applicable à toutes les catégories de mariages, hétérosexuel et homosexuel. Cela implique que, dans tous les cas, le parent qui reconnaît l'enfant en premier ne peut plus imposer son nom de famille comme par le passé.

La transmission du nom depuis 2013

La loi génère alors plusieurs schémas :

– les deux parents reconnaissent l'enfant simultanément et donnent à l'enfant le nom choisi en concertation

– en cas d'absence de choix des parents, l'enfant prend leurs deux noms

– s'il y a désaccord entre les parents lors de l'établissement simultané de la filiation, l'officier de l'état civil de la mairie de naissance de l'enfant doit saisir le procureur de la République pour instruction.

Des filiations bientôt difficiles à établir

Qu'en est-il ou qu'en sera-t-il de l'adage ancestral qui dit « la mère donne la vie, le père donne le nom » ? Dans la société d'aujourd'hui, où l'on travaille à l'égalité des sexes, la transmission du nom du père apparaît à certains comme une inégalité.

Même si les parents transmettent leurs deux noms, le nom du père peut disparaître à la génération suivante puisque, à l'âge adulte, l'enfant ne peut transmettre qu'un seul des deux noms à ses propres enfants, celui de son père ou celui de sa mère. La distribution des noms est en quelque sorte rebattue à chaque génération. Or le nom du père reste indispensable pour les recherches généalogiques et la reconstitution des filiations risque de devenir à terme difficile en France, un souci qui n'impactera pas que les généalogistes cherchant l'histoire de leur famille, mais aussi les notaires en quête des héritiers d'une succession.

La question du double nom

Les noms disparus réapparaissent

Dans un dossier de changement de nom par reprise d'un nom en voie de disparition ou d'une branche en voie d'extinction, le demandeur doit apporter la preuve de cette disparition ou de cette extinction. Or, aujourd'hui ou demain, le particulier ou le professionnel pourra être confronté à ce que le nom de famille que l'on croyait éteint réapparaisse, par le simple jeu du double nom.

Jusqu'à présent, lorsqu'un individu de sexe féminin se mariait, les enfants prenaient le nom du père. 88 % des couples optent encore pour ce système, mais 12 % choisissent actuellement d'accoler les noms des deux parents. Le nom de la mère est soit en première partie du nom, soit en seconde partie.

À son mariage, l'enfant inscrit sous un double nom pourra transmettre indifféremment le nom de son père ou le nom de sa mère à la génération suivante. S'il décide de transmettre le nom de sa mère, cela peut réintroduire un nom de famille qui avait été déclaré éteint.

Cette éventualité de réapparition, si elle existe, doit figurer dans les dossiers remis au service du Sceau et l'argumentaire des professionnels, généalogiste et avocat, ne pourra pas être à l'avenir aussi tranché qu'il l'est aujourd'hui.

L'impact sur les changements de nom

Par exemple, M. M. souhaite reprendre le nom de famille de son grand-père maternel L. Sa demande est recevable puisque la personne dont il souhaite reprendre le nom n'est pas au-delà de la 4e génération au-dessus de lui.

Pour que la demande de changement de nom soit acceptée, l'ascendance du nom de famille L. doit être établie sur quatre générations au-dessus de la personne dont M. M. souhaite reprendre le nom, et la descendance complète du couple souche ainsi identifié, tant féminine que masculine, doit être dressée jusqu'à aujourd'hui pour apporter la preuve que la branche L. est éteinte.

Dans cette descendance, il identifie seulement deux filles, actuellement mariées. Après vérification, on constate que l'une d'entre elles a deux enfants et qu'elle leur a donné les deux noms accolés, celui de son mari et le sien. À leur majorité, les enfants pourront choisir de reprendre le nom de leur mère. Peut-on donc encore affirmer que la branche est éteinte ?

Le double nom systématique ?

Une loi en projet se propose d'attribuer automatiquement le double nom des parents aux enfants (aujourd'hui chaque couple a le choix et 12% seulement optent pour le double nom).

Si l'on peut comprendre les motivations qui poussent certains à revendiquer cet automatisme du double nom, le choix du double nom ne fait pas encore l'unanimité.

Le double nom de famille obligatoire, une fausse bonne idée ?

L'obligation de donner aux enfants le double nom de famille aurait plusieurs inconvénients. Cela imposerait des noms à rallonge que le bon sens aurait évités. Par ailleurs, dans vingt ou trente ans, les enfants devenus grands ne pourront transmettre qu'un seul des deux noms à leurs propres enfants et subiront le poids des dissensions et pressions familiales. Seul à porter un nom unique, l'enfant sans père se verra à nouveau stigmatisé.

Cela empêcherait les personnes au nom « mal sonnant » (Crétin, Cocu, Labitte, Grossin...) de donner à leurs enfants le nom du conjoint, en échappant à la longue procédure de changement de nom.

Le nom sert aussi à prouver une identité juridique. En Espagne où le système du double nom existe depuis des siècles, il se construit toujours de la même façon et c'est toujours le second nom qui disparaît une génération plus tard. En France, dans un système où l'ordre des noms n'est pas imposé, pas plus que le choix de celui qu'on transmet à la génération suivante, la reconstitution des familles et des filiations va devenir délicate, les généalogistes successoraux lancent déjà l'alerte. [...]

Extrait de l'article de Marie-Odile Mergnac paru dans *Le Drenche*, juillet 2021.

Changements de prénom

Jusqu'en 1993, le choix des prénoms était régi par la loi du 11 germinal an XI. Depuis la loi du 8 janvier 1993, ce choix est libre à condition que le prénom retenu ne soit ni ridicule ni grossier. Il est possible aussi d'en changer.

Le choix du choix du ou des prénoms

L'article 57 du Code civil édicte que l'officier d'état civil est tenu d'inscrire le prénom choisi par les parents, quel qu'il soit. Si l'officier d'état civil estime que le prénom choisi par les parents est « contraire aux intérêts de l'enfant », il doit prendre avis auprès du procureur de la République, qui saisira si besoin le juge aux Affaires familiales. L'article 17 en vigueur le 1er juillet 2006 dit que l'acte de naissance énoncera le jour, l'heure et le lieu de la naissance, le sexe de l'enfant, les prénoms qui lui seront donnés, le nom de famille, et édicte qu'il sera suivi le cas échéant « de la mention de la déclaration conjointe de ses parents quant au choix effectué, ainsi que les prénoms, noms, âges, professions et domiciles des père et mère et, s'il y a lieu, du déclarant. Si les père et mère de l'enfant ou l'un d'eux ne sont pas désignés à l'officier de l'état civil, il ne sera fait sur les registres aucune mention à ce sujet ».

> **!** *Les prénoms révolutionnaires choisis ou imposés sous la Terreur ont été par la suite remplacés par d'autres. Pas facile de suivre le devenir d'un Potiron Lambert ou Brutus Lambert devenu ensuite Louis Lambert...*

Les prénoms de l'enfant sont choisis par ses père et mère. Même si la femme a demandé le secret de son identité lors de l'accouchement, elle peut faire connaître les prénoms qu'elle souhaite donner à l'enfant. Si les parents de l'enfant ne sont pas connus, c'est l'officier de l'état civil qui choisit trois prénoms dont le dernier tiendra lieu de nom de famille. Tout prénom inscrit dans l'acte de naissance peut être choisi comme prénom usuel.

En cas de choix inadapté

Si le juge aux Affaires familiales est saisi parce que le prénom n'est pas conforme à l'intérêt de l'enfant ou « méconnaît le droit des tiers à voir protéger leur nom de famille », il en ordonne la suppression sur les registres de l'état civil. Il attribue à l'enfant un autre prénom qu'il détermine lui-même ou qui est déterminé par les parents. La mention de la décision est portée en marge des actes de l'état civil de l'enfant.

www.legifrance.gouv.fr/codes/article_lc/LEGIARTI000006420911/

Un regard différent sur le prénom

Les dictionnaires des prénoms attribuent aujourd'hui à chaque prénom un totem animal, un signe astral, des qualités et défauts... Mais qu'en est-il de ces vérités assénées ? Correspondent-elles à la personne ? Se reconnaît-elle dans son prénom ? En changer, c'est peut-être devenir soi-même ?

Le sociologue Baptiste Coulmont, professeur à l'École normale supérieure Paris-Saclay, a consacré de nombreux travaux aux prénoms. Dans son ouvrage *Changer de prénom, de l'identité à l'authenticité* il dit que s'est « construit un "droit à devenir soi-même", reconnu à présent par des juristes et des magistrats. Car le prénom est de plus en plus choisi en dehors de tout cadre familial. Par exemple lorsqu'un couple donne à ses enfants des prénoms avec la même initiale. Ou lorsque la mode s'impose, que le show biz s'invite, que des lectures inspirent jusqu'à donner à cinq enfants des noms de cinq origines différentes, juive, arabe, anglaise, irlandaise et russe... Bref, on ne lie plus les prénoms à une histoire familiale.

La procédure de changement de prénom

L'article 60 du Code civil dit que « toute personne qui justifie d'un intérêt légitime peut demander à changer de prénom ». La demande est remise à l'officier de l'état civil du lieu de résidence ou du lieu où l'acte de naissance a été dressé qui, s'il le juge utile, la portera devant le juge aux Affaires familiales. Elle peut concerner un changement de prénom, une modification de l'ordre de ceux de l'état civil, une adjonction ou une suppression de prénoms. Si la demande concerne un enfant de plus de treize ans, son consentement personnel est requis sur simple attestation manuscrite. Si le changement aboutit, la décision est portée en marge des actes de l'état civil de la personne.

Les cas particuliers

Le changement de prénom et l'adoption

Il existe en France deux différents types d'adoption : l'adoption simple, qui laisse subsister des liens entre l'enfant et sa famille d'origine, et l'adoption plénière, qui entraîne automatiquement la rupture des liens entre les deux.

On a vu en page de gauche que la femme qui a demandé le secret de l'accouchement peut prénommer son enfant. Toutefois, l'article 350 du Code civil modifié par la loi du 23 avril 1949 autorise le changement de prénoms des enfants ayant été adoptés. Ce principe s'applique à tous les mineurs adoptés. Par exemple une petite Loretta, née en Italie et adoptée en France, sera prénommée Françoise par ses parents adoptifs, un petit Adrien recevra le prénom de Thomas, etc.

La famille qui procède à une adoption simple a pour seule latittude le changement de prénom. Celle qui procède à une adoption plénière donne non seulement un prénom mais aussi son nom de famille à l'enfant adopté : l'enfant fait totalement partie de sa nouvelle famille, un lien de filiation est réellement introduit. En changeant son prénom de naissance et en lui en offrant un autre, qui peut être parfois symbole d'une transmission et d'un héritage familial, on l'inscrit complètement dans l'histoire de sa nouvelle famille.

Ces changements de prénoms à l'adoption peuvent déclencher, lorsque l'enfant arrive à l'âge adulte et qu'il connait l'histoire de son adoption, des tensions qui aboutissent à des demandes de changements de prénom. Elles s'avèrent d'ailleurs de plus en plus nombreuses.

La francisation du prénom

Un changement de prénom peut être aussi demandé lors d'une procédure de naturalisation française (voir pages 34 et 35). Les deux procédures, de naturalisation d'une part et de francisation du prénom d'autre part, peuvent être faites conjointement.

Si la requête en francisation du prénom n'a pas été faite lors de la demande de naturalisation, elle peut encore être demandée dans un délai d'un an après la naturalisation.

Les règles d'écriture du prénom

Après la naissance, c'est le déclarant, parent ou autre, qui précise l'orthographe du ou des prénoms choisi(s) pour l'enfant. S'il y en a plusieurs, il doit préciser s'il faut ou non séparer les prénoms par un tiret et s'il existe ou non un prénom composé.

Si l'on donne au nouveau-né plusieurs prénoms, ils se placent après le premier et avant le nom de famille. Ils sont séparés par une virgule pour ne pas être confondus avec les prénoms composés. En France, le premier prénom est généralement le prénom utilisé dans la vie courante. Toutefois, depuis 2011 (article 57 du code civil), tout prénom inscrit dans l'acte de naissance peut être choisi comme prénom usuel.

Plusieurs prénoms plutôt qu'un

Signalons que le fait ne ne porter qu'un seul prénom avec son nom augmente le risque d'usurpation d'identité, car la probabilité d'homonymie est plus forte.

Rédaction, correction, validité des actes

Les personnes intervenants lors de l'établissement des actes sont : 1) les comparants, qui font connaître les faits dont il doit être dressé acte ; 2) les témoins, qui certifient l'identité des comparants ; 3) l'officier d'état civil, qui confère à l'acte son authenticité et doit s'assurer de la personne à laquelle il délivre un acte.

La rédaction des actes selon l'alphabet romain

Rédiger les actes d'état civil en langue française peut poser quelques difficultés lorsque les noms et prénoms sont étrangers. On tend aujourd'hui vers plus d'exactitude dans l'orthographe de ces noms puisque les règles à respecter par les officiers de l'état civil sont simples, la première d'entre elles est d'utiliser l'alphabet romain.

Il faut entendre par alphabet romain l'alphabet utilisé pour l'écriture de la langue française. Les signes qui n'ont pas d'équivalent en français comme le tilde espagnol ne doivent pas être utilisés. Pour inscrire le nom des personnes d'origine étrangère, l'officier de l'état civil doit le faire en respectant l'orthographe, même si la prononciation phonétique française s'avère difficile. Si l'orthographe pose problème, l'officier d'état civil peut la déterminer en vérifiant les documents, comme un passeport ou une carte de séjour, ou bien encore en se rapprochant d'un interprète assermenté, voire des services officiels comme les consulats des États concernés.

> ! *Le traitement informatisé de l'état civil est soumis à l'avis de la Commission nationale de l'informatique et des libertés (CNIL) compte tenu du caractère personnel et confidentiel des données.*

Le caractère illicite d'un acte

Les actes de l'état civil attestent de l'état des personnes.

L'officier de l'état civil doit refuser d'enregistrer un acte lorsqu'il soupçonne une fraude ou un mensonge, par exemple lorsqu'il s'agit d'un acte de reconnaissance où la différence d'âge entre l'enfant reconnu et la personne qui reconnaît l'enfant est inférieure à douze ans.

Comme les officiers d'état civil sont garants de la régularité et de la légalité des actes qu'ils enregistrent, ils assument de fait la responsabilité civile et pénale de leurs erreurs qu'elles soient volontaires ou involontaires.

La validité d'un acte d'état civil

Les extraits et les copies intégrales des actes d'état civil sont dits valables tant que les éléments qui y figurent n'ont pas été modifiés. En effet, un acte peut être modifié par une mention marginale (information écrite dans la marge de l'acte) :

– en marge d'un acte de naissance : reconnaissance, mariage, divorce, séparation de corps, pacs, changement de prénom, modification du nom de famille, changement de sexe, acquisition de la nationalité française, décisions inscrites au répertoire civil (changement de régime matrimonial, tutelle, etc.) et décès

– en marge d'un acte de mariage : divorce, séparation de corps, changement de prénom, modification du nom de famille

– en marge d'un acte de décès : mention « Mort pour la France » (1915), « Mort en déportation » (1985), « Mort pour le service de la Nation » (2012), « Victime du terrorisme » (2012), acte de notoriété (2007).

Pour certaines démarches comme la demande de changement de nom de famille, l'acte de naissance du requérant doit être daté de moins de trois mois (six mois si le service qui le délivre est à l'étranger).

Les personnes nées en Moselle 1940-1944

Entre 1940 et 1944, la Moselle fut annexée par les autorités allemandes qui fusionnèrent les petites communes en bourgs-centres. Ainsi une personne née dans une petite commune était enregistrée comme née au bourg-centre, considéré comme la commune de naissance.

L'Insee a mis en place une mesure corrective en invitant les bourgs-centres à transmettre la liste des personnes dans cette situation afin de modifier le lieu de naissance. Ces corrections ont entraîné automatiquement la modification du numéro d'identification des personnes au répertoire puisqu'il y a changement du code commune. Les demandes de correction devaient s'effectuer avant le 31 mars 2019.

La délivrance des actes de l'état civil

Des officiers d'état civil responsables

Comme les officiers de l'état civil sont responsables de la délivrance des actes de l'état civil, ils doivent s'assurer de la personne à laquelle ils délivrent l'acte requis. Il est important de rappeler les règles de publicité des actes d'état civil de moins de 75 ans, qui ne sont pas accessibles à tous, à l'exception des actes de décès (avec néanmoins quelques restrictions).

Les règles de communication

L'article 30 du décret du 6 mai 2017 relatif à l'état civil (titre II : dispositions concernant la publicité des actes de l'état civil) a été modifié par décret du 8 septembre 2019 (article 8) avec entrée en vigueur au 1er janvier 2020. Le texte dit que :

– les copies intégrales des actes de naissance et des actes de mariage peuvent être délivrées à la personne à laquelle l'acte se rapporte, à la condition qu'elle soit majeure ou émancipée ainsi qu'à ses ascendants, ses descendants, son conjoint, son partenaire lié par un pacte civil de solidarité, son représentant légal, et aux personnes justifiant d'un mandat écrit ou du dispositif de la décision d'habilitation familiale prise en application de l'article 494-1 du Code civil

– les copies intégrales des actes de reconnaissance peuvent en outre être délivrées aux héritiers de l'enfant

– l'avocat peut obtenir la copie intégrale des actes de l'état civil que son client est légalement fondé à requérir

– les copies intégrales peuvent être aussi délivrées au procureur de la République, à l'officier de l'état civil, aux autorités mentionnées aux articles 26-1 et 31 du Code civil compétentes pour enregistrer les déclarations d'acquisition de la nationalité française et délivrer les certificats de nationalité française, au notaire et, dans les cas où les lois et règlements les y autorisent et en référence expresse à ceux-ci, aux administrations publiques

– les généalogistes qui procèdent à des recherches en application de l'article 36 de la loi n° 2006-728 du 23 juin 2006 portant réforme des successions et des libéralités ou des dispositions de la loi n° 2014-617 du 13 juin 2014 relative aux comptes bancaires inactifs et aux contrats d'assurance vie en déshérence peuvent également obtenir une copie intégrale des actes de l'état civil, sous réserve qu'ils justifient de l'autorisation de consultation des actes de l'état civil délivrée par l'administration des archives et qu'ils soient porteurs d'un mandat ou d'une demande émanant d'un notaire, d'un organisme d'assurance ou de toute autre personne ayant un intérêt direct et légitime

– les copies intégrales des actes de décès et des actes d'enfant sans vie peuvent être délivrées à toute personne. Toutefois, lorsque la communication des informations figurant dans l'acte de décès est de nature à porter atteinte, compte tenu des circonstances du décès, à la sécurité des personnes désignées dans l'acte, le procureur de la République peut limiter la délivrance des copies intégrales de l'acte aux personnes mentionnées aux alinéas précédents ainsi qu'aux ayants-droit du défunt, à la condition qu'ils justifient des nom et prénoms usuels des parents de celui-ci

– les autres personnes ainsi que les généalogistes intervenant hors les cas prévus au 5e alinéa ne peuvent obtenir la copie intégrale d'un acte de naissance, d'un acte de reconnaissance, d'un acte de mariage et d'un acte de décès qu'en vertu d'une autorisation du procureur de la République. En cas de refus de celui-ci, ils peuvent saisir le président du tribunal qui statue par ordonnance de référé.

www.legifrance.gouv.fr/loda/article_lc/LEGIARTI000039343185/

Bibliographie

Quelques pistes bibliographiques utiles, sans prétention d'exhaustivité.

Dictionnaires des changements de noms

• *Dictionnaire des familles qui ont fait modifier leurs noms depuis 1803 jusqu'en 1865 contenant les noms, prénoms, profession et lieux de naissance de chaque individu cité,* par M. Ruffin, secrétaire de mairie à Beaujeu, est paru en 1877 chez Henri Delaroque, libraire éditeur à Paris. https://gallica.bnf.fr/ark:/12148/bpt6k205854g.texteImage#

• *Dictionnaire des changements de noms de 1803 à 1959* et *Dictionnaire des changements de noms de 1957 à 1962,* de l'Archiviste Jérôme, parus chez Documents et Témoignages

• *Encyclopédie des changements de noms* en trois tomes. Tome I, de 1963 à juin 1982. Tome II, de juillet 1982 à décembre 1997. Tome III, de 1998 à 2012, d'Emmanuel Ratier, parues chez Faits & Documents

• *Encyclopédie des pseudonymes,* d'Emmanuel Ratier, parue chez Faits & Documents

Comprendre les changements de noms

• *Notice relative au changement de nom,* Sceau de France, 13, Place Vendôme, 75042 Paris Cedex 01, www.justice.fr

• *Le sceau de France, titre nobiliaire et changement de nom,* Marc Guillaume, séance du lundi 3 juillet 2006. https://academiesciencesmoralesetpolitiques.fr/2006/07/03/le-sceau-de-france-titre-nobiliaire-et-changement-de-nom/

• *Le nom. Droit et histoire,* Anne Lefebvre-Teillard, collestion Léviathan, Paris, Presses universitaires de France, 1990, p. 256. www.persee.fr/doc/dreso_0769-3362_1992_num_20_1_1652 (compte-rendu persée)

• *Le nom propre et la loi,* Anne Lefebvre-Teillard, Mots, 2000, n° 63, pages 9-18. www.persee.fr/doc/mots_02436450_2000_num_63_1_2201

• *Les modifications apportées au droit de la famille par la loi du 8 janvier 1993,* J. Massip, Répertoire Defresnois, 1993, article 35559, numéro 11

• *Le choix du prénom et du nom en droit français,* Jean-Jacques Lemouland, professeur à l'université de Pau et Pays Adour, 2002, hal-univ.archives-ouvertes.fr/hal-01936897

• *Guide des recherches sur l'histoire des familles,* Gildas Bernard, Ségolène de Dainville-Barbiche, Danièle Neirinck et alii, Archives nationales, Paris, réédition 2018 www.siv.archives-nationales.culture.gouv.fr

• *Guide des archives judiciaires et pénitentiaires 1800-1958,* Jean-Claude Farcy, sous la direction de Philippe Vigier, Paris, CNRS Éditions, 1992, in 4°, p. 1192, (BN 4° L43/314) https://gallica.bnf.fr/ark:/12148/bpt6k33372675.texteImage

• *Justice. Les archives contemporaines de l'administration centrale. Guide de recherches,* sous la direction de Françoise Banat-Berger, Paris, ministère de la Justice, 1997, in 4°, 312 p. www.persee.fr/doc/gazar_0016-5522_1998_num_182_1_3542_t1_0281_0000_1 (compte-rendu Persée)

• « Les archives du Sceau », Ségolène de Dainville Barbiche, *La Gazette des archives,* n° 160-161, article, pp 127-151. www.persee.fr/doc/gazar_0016-5522_1993_num_160_1_4198

• *Retour au nom juif pour la troisième génération après la Shoah,* Céline Masson, *Revue Dialogue,* 2015/1, n° 207, pp 103-116 www.cairn.info/revue-dialogue-2015-1-page-103.htm

• *Changer de prénom, de l'identité à l'authenticité,* Baptiste Coulmont, Presses universitaires de Lyon, Lyon, 2016, 145 p.

• *La force du nom. Leur nom, ils l'ont changé,* ouvrage collectif sous la direction de Céline Masson et Michel Gad Wolkowicz, Desclée de Brouwer, Paris, 2010, 494 p. www.persee.fr/doc/onoma_0755-7752_2014_num_56_1_1812_t14_0287_0000_2 (compte-rendu de Pascal Gendron, Persée)

• « Les changements de nom dans la France d'après guerre : les traumatismes de la Shoah et ses conséquences sur la deuxième et la troisième génération à partir de l'exemple des changements de nom », Céline Masson, 2013, *The International Journal of Psychoanalysis,* 94, I, USA, Willey, pp. 49-65

• *Fiche d'aide à la recherche* par Pierre Bruneau et Danis Habib, Archives nationales, 2019

INDEX

Autres titres du même éditeur

LES ESSENTIELS DE LA GÉNÉALOGIE

Généalogie : retrouver son arbre par Internet et en archives (29 €) M. O. Mergnac.
Conserver et classer les papiers de famille (10 €) M. Provence.
Raconter son histoire familiale (10 €) G. Guidou.
Comment présenter sa généalogie (12 €) A. Rouault
État civil et registres paroissiaux : les basiques de la généalogie (10 €) M.O. Mergnac.
Actes, contrats et dispenses de mariage, 3e édition augmentée (12 €) M.O. Mergnac.
La généalogie sur Internet : Geneanet.org (6e édition) G. Guidou.
Trouver ses ancêtres sur Internet : Filae.com (3e édition) Y. Guillerm.
Décès, disparitions et successions en généalogie (12 €) M.O. Mergnac, C. Duic, M. Provence.
Archives départementales mode d'emploi (12 €) Y. Guillerm et M.O. Mergnac.
Archives de notaires et généalogie : les basiques de la généalogie (12 €) M.O. Mergnac.
Reconnaître les photos et cartes postales anciennes (12 €) S. Sénéchal, T. Dehan.
Déchiffrer les écritures de nos ancêtres (22,50 €)
Manuel de paléographie moderne (19 €) B. Beaucourt.
Manuel de paléographie alsacienne (19 €) D. Kasser-Freytag.
Manuel de paléographie Nord-Pas-de-Calais, Flandre et Wallonie (19 €) Geniwal.

LES GUIDES POUR APPROFONDIR LES RECHERCHES

Archives judiciaires et généalogie (12 €) J.C. Farcy.
Archives départementales mode d'emploi (12 €) Y. Guillerm.
Archives nationales d'outre-mer mode d'emploi (13 €) ANOM
Archives diplomatiques mode d'emploi (12 €) Ministère des Affaires étrangères.
Utiliser les recensements en généalogie (12 €) M.O. Mergnac.
Utiliser la presse ancienne en généalogie (10€) L. Abensur-Hazan.
Retrouver l'histoire d'une maison (12 €) M.O. Mergnac.
Retrouver ses ancêtres meuniers et leurs moulins (12 €) M. Provence.
Archives militaires mode d'emploi (10 €) Service historique de la Défense.
Retrouver un prisonnier de guerre (13 €) A. Alexandra.
Retrouver le parcours d'un résistant (13 €) F. Bourrée.
Retrouver un ancêtre juif (12 €) L. Abensur-Hazan.
Découvrir ses ancêtres sous la Révolution : guillotinés, émigrés, profiteurs ? (10 €) M.O. Mergnac.
Enfants abandonnés, enfants sans père : comment retrouver la filiation ? (10 €) M. Provence.
Atlas historique des diocèses en France (15 €) J. P. Duquesnoy.
L'ADN, un outil généalogique (12 €) N. Jovanovic-Floricourt.

En librairie (diffusion Geodif-Sodis), sur Internet ou par correspondance.
Détails et commandes sur notre site www.archivesetculture.org ou par courrier à :
Archives & Culture, 26 bis rue Paul-Barruel, 75015 Paris.

CRÉDIT PHOTOGRAPHIQUE

Couverture : Martine Fichter (carte d'identité) et documents libres de droits. Fotolia : p. 25, 27, 33, 35, 43, 45 ; Pixnio : p. 5 et 13 ; Georges Hodan, PublicDomainPictures.net : p. 15 ; Michael Schwarzenberger de Pixabay : p. 29 ; Marie-Odile Mergnac : p. 17 et 37. Écrans Internet : les sites concernés. Autres images : libres de droits.

ISBN : 978-2-35077-388-9 — ISSN : 2116-2050

Tél : 01 48 28 59 29 - www.archivesetculture.org
Impression en août 2021 en Europe. Dépôt légal à parution. Création couverture : Martine Fichter.